6월의 모든 역사

세계사

 세계사

 6月

6월의 모든 역사

● 이종하 지음

디오네

매일매일 일어난 사건이 역사가 된다

역사란 무엇일까. 우리는 왜 역사에 관심을 갖는 것일까.

이 책을 쓰는 내내 머릿속을 맴돌던 질문이다.

아널드 토인비는 역사를 도전과 응전의 개념으로 설명한 바 있다. 그 것은 인류사 전체를 아우르는 커다란 카테고리를 설명하기에는 더없이 좋은 개념이다. 그러나 미시적인 문제로 들어가면 이야기가 달라진다. 나일 강의 범람 때문에 이집트에서 태양력과 기하학, 건축술, 천문학이 발달하였다는 것은 도전과 응전으로 설명이 가능하지만, 예술사에서 보 이는 사조의 뒤섞임과 되돌림은 그런 논리만으로는 설명이 안 된다.

사실 역사란 무엇인가에 대한 관심은 대학 시절 야학 교사로 역사 과 목을 담당하면서 싹텄다. 교과서에 나와 있는 대로 강의를 하는 것은 죽 은 교육 같았다. 살아 있는 역사를 강의해야 한다는 생각에 늘 고민이 깊었다. 야학이 문을 닫은 후에 뿌리역사문화연구회를 만든 것도 그런 고민을 해결하지 못했기 때문이다.

약 10년간 뿌리역사문화연구회를 이끌면서 '어린이와 청소년을 위한 교실 밖 역사 여행' '어린이 역사 탐험대'를 만들어 현장에서 어린이와 청소년을 만났다. 책으로 배우는 역사와 유적지의 냄새를 맡으며 배우 는 역사는 느낌이 전혀 달랐다. 불이학교 등의 대안학교에서 한국사 강 의를 맡았을 때도 그런 느낌은 피부로 와 닿았다.

그렇다고 역사를 현장에서만 접해야 한다는 것은 아니다. 역사 자체는 어차피 관념 속에 있는 것이며, 그것이 우리에게 구체적으로 구현되는 것은 기록을 통해서이기 때문이다. 역사는 과거이며, 그 과거는 기록으로 존재한다. 그러나 현재에 펼쳐진 과거의 기록은 현재를 해석하는 도구이고, 결국 미래를 향한다.

이 책은 매일매일 일어난 사건이 역사가 된다는 사실에 기초하여, 1월 1일부터 12월 31일까지 일어난 중요한 사건들을 날짜별로 기록한 것이다. 사건의 중요도에 따라 집필 분량을 달리하였으며, 『1월의 모든 역사 - 한국사』『1월의 모든 역사 - 세계사』처럼 매월 한국사와 세계사로 구분하였다. 1월부터 12월까지 총 24권에 걸쳐 국내외에서 일어난 중요한 역사적 사실들을 흥미진진하게 담았다.

이 책에 나와 있는 날짜는 태양력을 기준으로 하였다. 음력으로 기록된 사건이나 고대의 기록은 모두 현재 사용하는 태양력을 기준으로 환산하여 기술하였다. 고대나 중세의 사건 가운데에는 날짜가 불명확한 것도 존재한다. 그것들은 학계의 정설과 다수설에 따라 기술했음을 밝힌다.

수년에 걸친 작업이었지만 막상 책으로 엮으니 어설픈 부분이 적지 않게 눈에 들어온다. 앞으로 그것들은 차차 보완을 거쳐 이 시리즈만으로도 인류 역사의 대부분을 일견할 수 있도록 만들고 싶다.

이 책을 쓰다 보니 매일매일을 성실하게 노력하며 살아야겠다는 생각이 든다. 매일매일의 사건이 결국 역사가 되기 때문이다.

이종하

차례

6월의
모든 역사

6월 1일

1864년 6월 1일

태평천국 운동을 일으킨 홍수전, 자살하다

1조 상제를 예배하라.

2조 다른 신을 섬기지 말라.

3조 상제의 이름을 멋대로 붙여서는 안 된다.

4조 7일마다 예배하여 상제의 은덕을 찬양하라.

5조 부모에게 효도하라.

6조 남을 죽이거나 상처를 주어서는 안 된다.

7조 불의와 음란의 죄를 범하지 말라.

8조 도적질이나 약탈을 하지 말라.

9조 거짓말이나 속임수를 말하지 말라.

10조 탐하지 말라.

-홍수전, 10조

1814년 1월 1일 홍수전(洪秀全 : 1814~1864)은 광둥 성廣東省 화현에서 3남 2녀 가운데 셋째 아들로 태어났다. 그의 어린 시절 이름은 인곤仁坤이었다. 집안 형편이 그리 넉넉하지는 않았지만 그의 아버지는 모든 일에 관심이 많고 집중력이 강한 인곤만은 꼭 교육을 시켜야겠다고 마음먹었다.

그래서 인곤은 어린 시절부터 서당에 다녔다. 서당에서는 주로 사서오경을 중심으로 한 유학 서적을 읽었다.

하지만 그와 그의 가족이 그토록 염원했던 과거 시험에서 그는 세 번이나 낙방하였다. 화현의 현시에는 합격했지만 다음 단계인 부시에서 실패한 것이다. 1837년 과거 시험에도 낙방하자 홍수전은 마음의 상처를 받았다. 그 영향 탓인지 약 40일 동안 거의 의식을 놓은 채 꿈속을 헤매었으며 헛소리를 계속하였다. 그는 1843년 과거에 다시 한 번 응시하였지만 또 떨어졌다.

한편 1840년 중국은 영국과 아편전쟁을 벌였다. 이 전쟁으로 청나라 정부는 체면이 크게 꺾였고 한족들은 만주족 지배자들을 무시하였다. 또한 전쟁 배상금을 지불하기 위해 청 정부가 많은 세금을 거두어들였기 때문에 백성들의 고통은 더욱 심해졌다. 한편 1841년에 홍수전의 마을에서는 영국군의 폭행에 항의하는 운동이 일어나기도 했다.

1843년 어느 날, 이경방이라는 먼 친척이 홍수전을 찾아왔다. 함께 이야기를 나누던 중 이경방이 그의 책장에 있는 『권세양언勸世良言』을 보고는 무심코 읽어보았다. 그것은 영국의 기독교 선교사 로버트 모리슨(Robert Morrison : 1782~1834)의 전도를 받아 개종한 양아발(梁阿發 : 1789~1855)이 쓴 작은 책자였다. 거기에는 유일신의 전지전능함, 우상숭배에 대한 비난, 구원과 파멸 같은 성경의 내용이 들어 있었다.

이경방이 홍수전에게 책을 도로 건네주면서 이상한 내용이 있다고 말하였다. 홍수전은 읽지는 않고 꽂아 두기만 했던 이 책을 읽으면서 몇 해 전에 꾸었던 꿈과 너무나 비슷하다고 느꼈다.

"천하의 모든 인간은 내가 낳고 길렀다. 그러나 누구 하나 나를 기억하거나 나를 존경하는 자가 없다. 더욱이 내가 준 물건을 바치고 악마를 섬기고 있다." 노인은 칼을 내밀면서 다시 말했다. "이 칼로 악마를 제거하라. 형제자매는 살해해서는 안 된다."

홍수전은 칼을 준 노인이 만물의 창조주인 상제上帝 여호와이며, 악마는 인류를 죄악과 파멸로 이끄는 여러 우상들이라고 깨달았다. 이에 홍수전은 하늘이 자기를 위해 『권세양언』을 준 것이라고 생각하였다.

그래서 예수를 상제上帝의 첫째 아들로, 자기를 상제의 둘째 아들로 확신하고 그리스도 다음의 구세주가 바로 자기라고 확신하였다.

홍수전은 자기가 꿈꾸었던 것과 믿는 것을 가족들에게 말하고 친척들에게 알리면서 돌아다녔다. 하지만 고향에서는 풍운산 같은 몇몇 사람을 제외하고는 그의 말을 믿지 않았다. 오히려 우상숭배라고 하여 공자의 위패를 부숴 버리는 행동을 하는 그를 미치광이라고 손가락질하였다.

하지만 홍수전은 북쪽 지방에서 이주해 온 객가인客家人을 중심으로 배상제회拜上帝會를 만들어 광주 지역과 광시 성廣西省 등에서 자기의 종교를 퍼뜨리기 시작했다. 배상제회는 전통적인 유교 · 불교 · 도교나 민간신앙 같은 종교를 부정하고 기독교의 교리와 말들을 빌려 썼다. 하지만 그 조직은 형제애로 맺어진 믿음과 목숨을 바칠 수 있는 충성심을 바탕으로 한 전통적인 비밀결사 조직을 본받았다.

1850년, 배상제회는 광시 성에서 병사를 일으켰다. 우상숭배를 보호하는 타락한 청나라 조정과 여기에 협력하는 사람들을 타도하고, 한족이 다스리는 나라를 일으킨다는 명분이었다.

이들은 만주 풍속인 변발을 버리고 중국 고유의 장발을 하였기 때문에 장발적長髮賊이라고도 하였다. 이때 국호를 태평천국太平天國이라 하고, 홍수전을 천왕天王이라 칭하였다. 신도들은 실업자, 광부, 가난한 농민 등 사회에서 가장 힘들게 살아가는 사람들이었고, 이들은 평등과 우상파괴, 사유재산 폐지 같은 이상 사회를 외치는 배상제회 교리를 적극적으로 받아들였다.

1853년 태평천국 운동은 주요 도시인 난징南京을 점령하는 등 중국 지역의 거의 반을 차지하면서 전성기를 맞이하였으나 세력이 커지면서 지도자들 사이에 내분이 일어났다. 이에 1860년 베이징조약 체결 후 영국 등 서구 열강 세력의 도움을 받은 청나라 조정은 태평천국 운동을 진압해 나갔다. 또한 증국번(曾國藩 : 1811~1872) 같은 사람들은 이들을 막기 위해 의용군을 모집하여 맞섰다.

1864년 6월 1일, 홍수전은 토벌군에게 패할 것을 예감하고 난징에서 자살하였다. 이후 7월 19일 난징의 완전한 함락으로 태평천국 운동은 막을 내렸다.

비록 홍수전의 자살로 태평천국 운동은 끝났지만, 이후 청 조정 관료들의 주도로 근대화 운동인 양무운동洋務運動이 실시되었고, 쑨원(孫文 : 1866~1925) 같은 한족 중심의 민족 운동이 시작되는 계기를 만들었다.

* 1840년 6월 16일 '청나라와 영국, 아편전쟁을 일으키다' 참조

2003년 6월 1일

세계 최대 수력 댐 중국 '싼샤 댐' 저수 시작

2003년 6월 1일, 세계 최대의 수력 댐인 중국 후베이湖北 성 싼샤三峽 댐이 10년 동안의 공사 끝에 처음 저수를 시작함으로써 세계 수력 발전사에 신기원을 세우게 되었다. 싼샤 댐은 이날 새벽 0시를 기해 22개 수문 가운데 19개를 닫으면서 담수를 시작하였다.

싼샤 댐은 1993년 12월 14일 착공되었다. 그리고 착공 만 4년 만인 1997년 11월, 1차 물막이 공사를 완료하였다. 싼샤 댐의 건설은 '물 위의 만리장성'이라고 불릴 만한 대역사였다.

1919년 쑨원(孫文 : 1866~1925)이 처음 안을 낸 뒤, 마오쩌둥(毛澤東 : 1893~1976)과 저우언라이(周恩來 : 1898~1976)가 댐 건설에 대한 의욕을 보였으나 실행되지 못하다가 마침내 1992년 4월, 장쩌민(江澤民 : 1926~)의 결정에 의해 공사에 들어가게 된 것이었다.

싼샤 댐은 높이 185m, 길이 2,331m, 총출력 1,820kw, 총저수량 393억m³로, 외형적인 크기는 물론이고 저수량과 발전용량까지 명실공히 세계 최대의 수력 댐이었다.

싼샤 댐의 건설로 양쯔 강 중상류 지역에는 평균 너비 1.1km, 길이가 무려 600km에 달하는 거대한 인공호수가 만들어졌다. 반면에 기후 및 환경의 변화, 수질의 악화 및 토사 침적 등으로 인해 자연 생태계가 파괴되었다.

또한 초나라 때의 시인 굴원(屈原 : B.C. 343?~B.C. 278?)의 유적지를 비롯한 댐 인근의 수많은 문화재가 유실되고 최대 100만 명에 이르는 주민들이 대량 이주하는 등 그 어마어마한 크기만큼 많은 우려와 문제점을 낳았다.

1988년 6월 1일

미국과 소련,
중단거리 핵미사일 폐기 조약 비준서 교환

1988년 6월 1일, 미국의 레이건(Ronald Wilson Reagan : 1911~2004) 대통령과 소련의 고르바초프(Mikhail Sergeyevich Gorbachyev : 1931~) 공산당 서기장이 소련 모스크바에서 만났다. 지난 1987년 12월 8일 조인한 유럽과 아시아 지역에 배치된 중단거리 핵미사일INF 폐기 조약 비준서를 교환하기 위해서였다.

미국과 소련은 1985년 11월 공격용 전략 무기 50% 감축, 유럽에 배치된 중거리 탄도 미사일 제거, 미국이 추진 중이던 전략 방위 구상SDI 등을 협의하기 위해 처음으로 회담을 열었다.

처음에는 소련의 고르바초프가 미국이 SDI를 포기하지 않을 경우 아무것도 합의할 수 없다는 입장을 고수했기 때문에 회담은 답보 상태에 빠졌다. 하지만 1987년 2월 고르바초프가 유럽에 배치된 미국의 중거리 탄도 미사일 제거를 다른 의제와 분리, 협상할 수 있다고 한걸음 물러남으로써 군축 회담의 전기가 마련되었다.

이로 인해 두 정상은 양국이 보유한 핵무기의 4%(소련 1,846기, 미국 846기)를 폐기하는 데 합의하였다.

이 협정은 미국과 소련 양국이 핵무기 개발 경쟁 이래 처음으로 핵

감축 시대를 열었다는 데 역사적 의의가 있다.

—

2001년 6월 1일

네팔 왕세자, 총기 난사로 9명 살해

—

2001년 6월 1일 밤 10시 40분경, 네팔의 나라얀히티 왕궁에서 열린 왕실 정례 만찬 석상에서 디펜드라 왕세자가 총기를 난사해 부모인 비렌드라 국왕과 아이슈와리야 왕비를 비롯, 왕자·공주 등 국왕 일가 9명을 살해하였다. 이는 1918년 볼세비키 혁명에서 러시아 왕가가 몰살된 이후 최대의 왕족 참사였다.

드펜드라는 태어난 지 1년 만인 1972년 네팔 왕위 계승자로 선포되었다. 그는 네팔에서 초·중등교육을 받고 영국으로 건너가 이튼칼리지를 졸업하였다.

디펜드라는 평소 온화하고 다정다감한 성격의 소유자였다. 하지만 그 즈음에 그는 결혼 문제로 부모와 갈등을 겪어온 것으로 알려졌다.

그는 밤 9시쯤 나라얀히티궁 왕족 가족실을 빠져나갔다가 군복으로 갈아입고 M-16 소총과 우지Uzi 기관단총을 들고 나타났다. 이때 그는 만취한 상태였다.

디펜드라는 무표정한 모습으로 먼저 아버지 비렌드라 국왕을 총으로 쏴 죽이고, 응접실에 있던 왕족들을 향해 총을 난사하였다. 이어 정원으로 나가서 뒤따라 온 어머니와 남동생을 죽였고, 다시 방으로 들어와 총질을 한 뒤 자신의 머리를 쏴 자살을 시도하였다.

사고가 발생하자 네팔 국가평의회는 긴급회의를 소집, 디펜드라 왕세자를 일단 왕위 계승자로 지명했으나 3일 뒤인 6월 4일 사망하자 디펜드라의 삼촌인 갸넨드라 왕자를 국왕으로 추대하였다.

갸넨드라 국왕은 "사고 원인은 자동소총의 폭발 사고였다."고 발표하였지만, 사고 경위를 믿지 않는 분노한 국민들은 "정확한 사건 진상을 밝히라."며 연일 시위를 벌였다.

—

1980년 6월 1일

미국의 24시간 뉴스 전문 텔레비전 방송 CNN 개국

—

세계 최초로 24시간 뉴스만을 방송하는 CNNCable News Network이 1980년 6월 1일 미국 애틀랜타 본사에서 첫 전파를 쏘아 올렸다.

미국의 '유선 TV 황제'로 불리는 테드 터너(Ted Turner : 1938~)가 3,000만 달러의 예산을 들여 200만 가구를 대상으로 첫 전파를 발사할 당시만 해도 CNN은 황당무계한 벤처사업으로 인식되었다. 하지만 지금은 언론 역사의 새 장을 열었다는 평가를 받고 있다.

CNN의 첫 뉴스는 텍사스 주 포트워크에서 발생한 흑인 지도자 저격 사건이었다. 이후 미국 대통령 선거전 같은 중요 뉴스를 실시간으로 방송하면서 돌발 사고에 대한 강점을 드러내었다.

특히 1991년 걸프 전쟁이 일어나면서 미국이 이라크를 융단폭격하자, 기자인 피터 아네트(Peter Arnett : 1936~)가 이라크에서 신속하고 생생한 소식을 전해와 미국뿐 아니라 전 세계에 CNN의 존재를 확인시켜 주었다.

CNN은 현재 6개 케이블과 위성방송망 등 세계 최대의 뉴스 서비스를 제공하고 있다.

6월의
모든 역사

6월 2일

■
·
·
■

455년 6월 2일

반달족, 로마를 침공하다

반달리즘Vandalism은 다른 문화나 종교 예술 등에 대한 무지로 그것들을 파괴하는 행위를 뜻하는 용어이다. 이는 반달족이 타他민족을 상대로 무자비한 약탈과 파괴 행위를 거듭한 일에서 유래되었다.

반달리즘의 사례는 기원전 356년 그리스의 헤로스트라투스가 후세에 이름을 남기겠다는 생각으로 빼어난 아름다움을 자랑하던 건축물 아르테미스 신전에 불을 지른 경우를 들 수 있다.

그리고 최근의 사례로는 탈레반의 바미안 불상 파괴, 아프간 전쟁 · 이라크 전쟁 후 문화유산 약탈 등을 들 수 있다.

5세기 초, 북유럽 발트 해 연안에 살던 반달족은 훈족의 침입을 받자 서진西進을 시작하여 로마제국의 국경으로 밀려들어 왔다.

406년에는 도나우 강을 건너 판노니아로 밀려왔고 라인 강 유역의 갈리아 북부에서 프랑크족과 맞서게 되었다. 여기에서 전투를 벌여 2만여 명의 반달족이 죽었다. 하지만 그들은 그해 겨울 라인 강이 얼자, 대거 라인 강을 넘었고 갈리아로 남하하였다.

아키텐까지 밀린 반달족은 409년 계속 남진南進하여 피레네 산맥을 넘어 에스파냐로 들어갔다. 그들은 에스파냐에 이미 정착해 있던 알란족과 전쟁을 벌였고 이 전쟁에서 승리하면서 반달족은 점차 그 영역을 넓혀 갔다.

마침내 반달족의 족장 군데리크는 알란족을 굴복시키고 반달족과 알란족의 왕을 겸하면서 정착하였다. 에스파냐에서 정착한 반달족은 바이킹족처럼 해적으로 변신해 북아프리카로 진출하기로 하였다.

429년 군데리크의 동생이자 후계자인 가이세리크는 함대를 조직하여 약 8만 명의 반달족을 이끌고 지브롤터 해협을 건너 북아프리카를 침공하였다. 가이세리코는 성 아우구스티누스가 다스리던 북아프리카의 도시 히포 레기우스를 포위하고 14개월에 걸쳐 공성전을 벌여 결국 함락시켰다.

북아프리카에서 반달족은 435년 로마제국과 평화협정을 맺어 동맹을 맺었다. 하지만 가이세리크는 곧 동맹을 깨고 439년 카르타고를 수도로 정하고 반달 왕국을 세워 독립을 선언하였다.

이것은 로마 제국의 곡창 지대였던 북아프리카 지역이 더 이상 제국에게 식량을 공급하지 않음은 물론 제국에 대해 무기를 들게 되었다는 것을 의미하였다. 이후 35년 동안 가이세리크의 반달 왕국은 대규모 함

선을 조직하고 지중해 연안의 로마제국 영토를 차례차례 침략해 점령
하였다.

로마는 훈족 왕 아틸라(Attila : 406?~453)가 죽자 겨우 반달족에 대한
대책을 세웠다. 발렌티니아누스 3세(Valentinian Ⅲ : 419~455)는 자신의
딸과 가이세리크의 아들을 결혼시킴으로써 반달족의 침략을 무마하려
하였다. 하지만 페트로니우스 막시무스(Petronius Maximus : ?~455)가 발
렌티니아누스 3세를 죽이고 로마 황제에 올랐다.

원로원 의원이자 집정관 출신인 막시무스는 학식이나 인품에서 예전
의 직책을 수행하는 데에는 흠잡을 것이 없었으나 로마 황제로서 제국
을 이끌어 나갈 만한 능력은 없는 사람이었다. 그가 황제가 된 지 석 달
도 채 지나지 않아 반달족 함대가 테베레 강 어귀에 모습을 나타냈지만
그에 대비해서 반격할 조치를 취하거나 협상할 노력을 하지 않았다는
것이 그것을 증명하였다.

이에 455년 6월 2일 반달족은 로마를 전격 침공하였다. 이때에 성문
을 열고 이들을 맞이한 건 교황 레오 1세(Leo Ⅰ: 401~474)였다. 레오 1
세는 가이세리크에게 다음과 같은 약속을 받아 내고 성문을 열었다. 즉
저항하지 않는 백성을 죽이지 않을 것, 숨진 재물을 찾아내기 위해 백
성을 고문하지 않을 것, 건물에 방화하지 않을 것 등이었다.

반달족의 로마 침공은 그 자체로 로마인들에게는 엄청난 충격이었
다. 하지만 레오 1세의 중재로 대규모 학살과 파괴 행위는 이루어지지
않았고 반달족은 단지 조직적으로 로마의 재물을 배로 실어 북아프리
카의 카르타고로 옮겼다.

462년까지 아프리카의 반달 왕국은 북아프리카 전역과 시칠리아 ·
사르데냐 · 코르시카 등 지중해의 여러 섬들을 지배하는 강력한 왕국으

로 성장하였다.

하지만 반달 왕국은 가이세리크가 죽으면서부터 점차 쇠퇴하게 되었고 동고트족에게 시칠리아의 대부분을 빼앗겼다. 477년 가이세리크의 뒤를 이어 그의 아들 훈네리크가 왕위를 승계하였다. 하지만 훈네리크는 아리우스주의자였다. 아리우스주의는 로마 가톨릭교회로부터 이단 판정을 받았던 기독교의 한 분파이다. 따라서 그는 치세 말기에 가톨릭교회와 마니교를 심하게 박해하였다.

하지만 훈네리크의 아들 힐데리크는 왕이 되자 종교의 자유를 선포하고, 친親로마 정책과 가톨릭 우호 정책을 펴서 동東로마 제국인 비잔티움 제국과 평화를 이룩하였다. 그러나 533년 겔리메르가 힐데리크를 몰아내고 왕위를 찬탈하자 비잔티움 황제 유스티니아누스 1세(Justinianus I : 483~565)는 반달 왕국과의 전쟁을 선포하고 벨리사리우스(Belisarius : 505?~565) 장군의 지휘 아래 북아프리카로 쳐들어갔다.

반달족의 저항이 있었지만 벨리사리우스는 카르타고를 함락시켰고 534년에는 반달 왕국의 두 번째 도시인 히포 레기우스마저 정복하였다. 겔리메르는 결국 벨리사리우스에게 항복하였고 반달 왕국은 무너졌다. 로마는 다시 이 지역을 지배하고 가톨릭교회를 부활시켰다.

다른 유럽의 게르만족 왕국과는 달리 반달 왕국은 피지배 민족과 완전히 통합을 이루지 못한 데다가 종교적 · 인종적으로도 억압했기 때문에 결국 오래가지 못하고 멸망하게 된 것이었다.

—

1955년 6월 2일

유고와 소련, 베오그라드 선언을 체결하다

—

1. 유고슬라비아는 중국의 대만에 대한 영토권 주장을 지지한다.

2. 소련과 유고슬라비아는 독일 문제의 해결을 지지하며, 이 해결은 독일
   인민의 소원 및 일반 안전보장에 대한 기여와 일치하는 민주주의적 원
   칙하에 이루어져야 한다.

3. 양국 정부는 조약 체결을 통해, 독립된 유럽 집단 안보기구를 지지한다.

－「베오그라드 선언」

1955년 5월 26일 유고슬라비아의 베오그라드 공항에 내린 소련공산
당 서기장 니키타 흐루시초프(Nikita Khrushchyov : 1894~1971)는 유고슬
라비아의 대통령 요시프 브로즈 티토(Josip Broz Tito,1892~1980)와 악수
를 나누었다.

흐루시초프는 1948년 공산권에서 축출된 유고에 취했던 도발적인
태도에 대해 사과하였다. 이를 1953년 처형된 전 소련 내무장관 라프
렌티 베리아(Lavrenti Pavles dze Beria : 1899~1953)의 음모로 돌렸다. 그
리고 양국이 레닌(Vladimir Il'ich Lenin : 1870~1924)의 이름으로 국제 노
동자 운동을 위해 화해할 것을 요청하였다.

소련공산당에 따르지 않고 독자 노선을 걸었던 유고슬라비아와 관계
를 단절한 지 7년 만에 소련이 태도 변화를 보인 것이었다.

그리고 6월 2일 소련의 흐루시초프 서기장과 유고의 티토 대통령은
양국간의 화해를 의미하는 「베오그라드 선언」을 체결하였다. 소련은

이 협정으로 유고의 독자 노선을 인정하기로 하였다.

—

1953년 6월 2일

영국 여왕 엘리자베스 2세 대관식 거행

—

1953년 6월 2일 영국 웨스트민스터 사원에서 엘리자베스 2세 (Elizabeth II : 1926~)의 대관식이 거행되었다. 영국의 40번째 군주이자, 8번째 여왕이 탄생되는 순간이었다.

대관식은 캔터베리 대주교의 기도로 시작되었다. 그는 의자에 앉은 여왕의 머리와 손바닥에 스푼으로 성유를 붓고 여왕의 머리에 왕관을 씌워 주었다. 그 순간 런던 시내 모든 교회에서는 타종 소리가 울려 퍼졌다. 식이 끝나고 버킹엄 궁으로 향하는 여왕의 마차 행렬은 3km 이상이나 늘어졌다.

엘리자베스 2세는 조지 6세(George VI : 1895~1952)의 큰딸로 태어났다. 1947년 엘리자베스 공주는 영국 해군 중위 필립 마운트배튼(Philip Mountbatten : 1921~)과 결혼해 큰아들 찰스 왕자를 낳았다.

엘리자베스 여왕의 아버지 조지 6세는 5남 1녀 가운데 둘째였기 때문에 원래 엘리자베스는 왕위를 물려받을 수 없었다. 하지만 큰아버지 에드워드 8세(Edward VIII : 1894~1972)가 조지 5세(George V : 1865~1936)에 이어 왕위에 올랐다가 미국 출신의 심프슨 부인(Mrs. Simpson : 1896~1986)과 사랑에 빠지는 사건이 발생하였다. 에드워드 8세는 왕위를 내놓고 윈저공으로 물러났고, 그 자리를 여왕의 아버지인 조지 6세가 대신하게 되었다.

1951년 여름부터 아버지 조지 6세의 건강이 악화되자 엘리자베스 2세는 여러 국가 행사에 참여해 아버지를 대행하였다. 그리고 1952년 2월 6일 조지 6세가 암으로 사망함으로써 왕위를 넘겨 받게 되었다.

2012년에 재위 60주년을 맞이한 엘리자베스 2세는 역대 영국 왕 가운데 대영제국의 기틀을 마련한 엘리자베스 1세(Elizabeth I : 1533~1603)에 이어 국민에게 가장 큰 신뢰를 받는 왕으로 평가 받고 있다.

1966년 6월 2일

미국 무인우주선 서베이어 1호,
처음으로 달 착륙 성공

미국은 인간의 달 착륙에 필요한 자료를 수집하기 위해 무인 탐사 계획인 서베이어 계획을 세웠다.

1966년 5월 30일 무인 탐사기 서베이어 1호가 발사되었다. 그리고 6월 2일, 서베이어 1호는 레이더, 컴퓨터, 4기의 로켓을 사용해 '폭풍의 바다' 지역에 사뿐히 내려앉음으로써 달 착륙에 성공하였다.

이후 서베이호 1호는 360도 회전이 가능한 TV 카메라의 촬영을 통해 12일간에 걸쳐 화질이 선명한 1만 매 이상의 사진을 보내 왔다. 사진들을 판독한 미국 우주 항공국NASA은 폭풍의 바다가 아폴로 달 착륙선의 착륙 후보지로 적격하다고 판단하였다.

이후 서베이어 계획은 7호로서 완료되었다. 이 계획을 통해 달 표면이 아폴로 달착륙선의 이착륙에 충분히 견딜 만큼 단단하다는 것과 달 표면에서 인간의 활동이 가능하다는 것을 실증하였다.

6월의
모든 역사

6월 3일

■
‌
■

1992년 6월 3일

리우 회의, 브라질 리우데자네이루에서 개막하다

각 국가는 지구 생태계의 건강과 안전을 보존 · 보호 · 회복시키기
위하여 범세계적인 동반자 정신으로 협력해야 한다. 선진국들은 그
들이 지구 환경에 끼친 영향과 그들이 소유하고 있는 기술 및 재정
적 자원을 고려하여 지속 가능한 개발을 위한 책임을 인식해야 한
다.

-리우 선언, 원칙 7

1986년 11월 1일 스위스 바젤 부근에 있는 산도스 제약 회사에서 화재가 발생하였다. 이 회사가 위치한 곳은 독일 라인강 상류 유역이었다. 이 때문에 회사의 창고에 있던 1,300톤에 달하는 90여 종의 화학물질이 곧바로 라인 강으로 흘러 들어갔다.

라인 강은 하루아침에 죽음의 강으로 바뀌었고, 부근 토양과 지하수 역시 오염되었다. 또한 라인 강에 서식하던 수중 생물은 떼죽음을 당하였고, 사고 지점에서 400km 떨어진 하류에서는 조개류와 파충류 같은 생물들이 완전히 사라져 버렸다. 피해액은 400억 달러로 추정되었다.

사고가 일어났을 때 스위스 당국에서 빠른 조치를 취하지 않아 그 피해는 훨씬 늘어났다. 이후 하천 정화 노력으로 많이 회복되긴 했지만 아직도 하천 퇴적물에서는 유해 화학물질이 검출되고 있어 라인 강을 원래대로 회복하기란 지금으로서는 불가능한 실정이다.

위 사례에서 볼 수 있듯이, 산업 발전과 자연 개발에 따른 피해는 근대화가 이루어지는 과정에서 전 세계로 급속히 증가하였고 피해 규모도 과거와는 비교가 되지 않았다.

환경 파괴 문제가 처음으로 심각하게 인식된 사례 중 하나로 '런던 스모그 사건'을 들 수 있다. 영국의 수도 런던은 산업혁명이 처음 시작되었고 유럽에서 가장 공업이 발달했던 도시이다. 이곳은 인구가 밀집되어 있으며 템스 강 유역에는 발전소, 제철소 및 각종 공장들이 활발히 가동되고 있었다.

그런데 1952년 12월 5일부터 9일까지 영국 하늘에 고기압이 머물러 있으면서 동시에 안개가 전국에서 발생하였다. 특히 런던에서는 복사 역전층이 형성되고 거의 바람이 불지 않는 상태가 계속되었으며, 웨스트민스터를 중심으로 한 템스 강 유역에는 짙은 안개가 끼고 먼지와 아황산가스의 농도가 상승하였다. 이런 상태가 반나절 정도 지나자 호흡기 질환이나 심장질환을 호소하는 환자 수가 급증하고 심지어는 사망자까지도 나타났다. 이 기간 동안 약 4,000명에 이르는 사람이 사망하였다.

이에 환경문제에 대해 심각성을 느낀 국제사회에서는 각종 환경 협약을 맺기에 이르렀다. 1933년부터 1990년까지 모두 150여 개에 이르는 환경 협약이 체결되었으며, 환경문제로 야기된 무역 규제 조항이 있는 환경 협약도 18개이다.

1992년 6월 3일에는 인류 최대의 환경 회의인 유엔 환경 개발 회의 UNCED, 일명 리우 회의가 브라질의 리우데자네이루에서 세계 185개 국가 3만 명이 참석한 가운데 열렸다.

이 회의의 목적은 "산업혁명 이후 지나친 경제개발로 발생한 환경 파괴로 말미암아 인류와 모든 지구 생태계가 위기에 처해 있음을 깨닫고, 환경이 지탱할 수 있는 한도 내에서 경제개발을 하자."는 데 있었다.

리우 회의에서는 선진국과 후진국의 의견이 팽팽하게 대립하였다. 서구 선진국들은 통상적 책임하에서 우리 자신을 위한 환경보호가 아닌 후손을 생각한 환경 보존임을 강조하였지만, 후진국들은 선진국이 제국주의 시대에 보여 준 경제적인 착취 같은 수많은 행위 때문에 자신들이 성장할 수 없었다며 역사적 책임을 주장하였다. 후진국들은 이제 와서 환경 개발을 제한하는 것은 후진국이 성장할 수 있는 길을 막는 것이며, 결국 선진국들이 환경 보전에 더 많은 책임을 져야 한다고 주장하였다.

이 때문에 리우 회의에서는 '헌장' 대신에 법적인 책임을 지지 않는 '선언'(리우 선언)을 채택하였다. 그리고 '개발도상국, 특히 극빈 개도국

과 환경적으로 침해받기 쉬운 개도국의 특수 상황과 환경 보전의 필요
성은 특별히 우선적으로 고려의 대상이 되어야 한다. 또한, 환경과 개
발 분야에 있어서의 국제적 활동은 모든 나라의 이익과 요구를 반영해
야 한다.'(원칙6)는 조항이 들어갔다.

리우 선언은 1972년 스웨덴 스톡홀름에서 있었던 유엔 인간 환경 회
의의 유엔 인간 환경 선언을 다시 한 번 확인하는 것이었다. 그리고 이
선언을 실천하기 위한 기본 원칙인 '의제 21Agenda 21'과 기후 변화 협약 ·
생물 다양성 보존 협약 · 산림 원칙 등을 채택하면서 6월 14일 폐막되
었다.

—

1950년 6월 3일

프랑스의 에르조그와 라슈날,
안나푸르나 제1봉 세계 최초로 등정 성공

—

"내가 돌아가면 어쩔 텐가?" 라슈날이 에르조그에게 물었다. "혼자서라도
계속 가야지." 에르조그가 대답했다. "그럼 나도 계속 갈 거야."

1950년 6월 3일 프랑스 등반대의 모리스 에르조그(Maurice Herzog :
1919~)와 루이 라슈날(Louis Lachenal : 1920~1955)이 안나푸르나 제1봉
정상에 도달함으로써 세계 최초로 등정에 성공하였다.

안나푸르나는 네팔 중북부에 있는 히말라야 산맥의 일부로 칼리간다
크 강 유역과 마르시안디 강 유역 사이에 능선을 이루고 있다.

4개의 주요 봉우리들 가운데 서쪽 끝에는 세계에서 가장 높은 봉우

리 가운데 하나인 8,091m 높이의 안나푸르나 제1봉이, 동쪽 끝에는 7,937m 높이의 제2봉이 자리 잡고 있다.

에르조그 원정대가 처음 등정을 시도하려 했던 곳은 8,172m의 다울라기리였다. 하지만 다울라기리는 봉우리 전체가 얼음 절벽으로 이뤄진 산이었기에 등정이 불가능하다고 판단하였다.

그래서 에르조그와 라슈날은 안나푸르나로 눈을 돌렸다. 하지만 지도가 잘못 그려져 있는 바람에 두 차례나 더 탐사를 하고 나서야 안나푸르나의 산기슭에 이르는 길을 찾아냈다.

그리고 거세게 퍼붓는 눈발을 헤치고 한 발 한 발 조심스럽게 나아가 마침내 안나푸르나 제1봉 정상에 도착하였다.

이것을 계기로 히말라야 등정의 황금시대가 열려 안나푸르나 제2봉은 1961년 영국··인도·네팔 합동 탐험대가, 제3봉(7,555m)은 같은 해 인도 탐험대가, 제4봉(7,525m)은 1955년 독일 탐험대가 각기 첫 등정에 성공하였다.

1959년 6월 3일

싱가포르, 영연방 자치국으로 독립 선언

1819년 영국령 동인도회사의 행정관 스탬퍼드 래플스 경은 조호르 군주에게 적은 비용을 지불하고 싱가포르를 사들였다. 이후 싱가포르는 영국의 식민지로 자유·중계 무역항이 되었으며, 말레이반도를 비롯하여 인근 여러 나라와 유럽을 연결하는 무역의 중심이 되었다.

1921년에는 영국군의 군사기지가 설치되어 군사·경제적으로 영국

식민 지배의 핵심적 역할을 담당하게 되었다. 제2차 세계 대전 중에 잠시 일본군에 점령당하기도 했으나, 종전 후 다시 영국 식민지가 되었다.

그 후 반反식민지 운동을 활발히 펼쳐 1959년 6월 3일 새 헌법을 공포함으로써 마침내 영연방 자치국으로 독립하였다. 140년간의 식민지 통치에서 벗어나게 된 것이었다.

이후 싱가포르는 1963년 말레이연방 · 사바 · 사라와크와 함께 '말레이시아'를 결성하였으나 1965년 8월에 분리, 독립하였다.

—

1973년 6월 3일

세계 최초의 초음속 여객기, TU-144 추락

—

1968년 12월, 소련의 공군 장교이자 항공기 설계가 투폴레프(Andrey Nikolayevich Tupolev : 1888~1972)는 'TU-144'라고 명명된 초음속 여객기의 처녀비행을 실시하였다. 결과는 대성공이었다. 이로써 세계 최초의 초음속 여객기가 탄생하였다.

이는 영국과 프랑스가 공동 개발한 초음속 여객기 콩코드보다 두 달먼저 생산된 것으로, 마하 2.35의 속도를 자랑하였다.

TU-144는 1970년 5월 일반인에게 공개되었고, 이후 초음속 여객기로는 최초로 상업용 정기노선에 투입되었다.

하지만 1973년 6월 3일, 프랑스 파리 교외 르브르제에서 열린 국제항공쇼에서 TU-144에게 사고가 발생하였다.

20만여 명의 관람객의 환호를 받으며 등장한 TU-144는 그러나 귀빈석 스탠드를 저공비행으로 통과한 후 가파르게 상승하려는 찰나 공중 폭발하여 인근 민가로 추락하고 말았다.

이 사고로 TU-144 승무원 6명과 주민 8명이 숨지고 80여 명이 다쳤다. 사고 지점인 구생빌르 마을에서는 100여 채의 집이 기체 파편의 낙하로 부분파손을 입었다.

6월의
모든 역사

6월 4일

—

1989년 6월 4일

중국, 제2차 천안문 사태 일어나다

—

여기 흰 셔츠를 입은 한 남자가 탱크 앞을 가로막고 서 있다. 한 남자와 탱크를 사이에 두고 긴장이 흐른다. 남자가 탱크를 향해 뭐라고 말을 하지만 잘 들리지는 않는다. 무엇을 말하고 있을까. 무얼 믿고 무시무시한 탱크 앞에 맨 몸으로 섰을까?

하지만 인민의 군대는 인민에게 총을 발사하였다. 계엄군은 인민들을 죽음으로 몰아넣었다. 사망자 1,400여 명, 부상자 1만여 명이었다. 인민의 군대를 믿었던 흰 셔츠를 입은 사람은 어떻게 되었을까.

천안문 사태를 추적하다 보면 또 다른 천안문 사건이 드러난다. 그것은 13년 전인 1976년 4월 5일에 발생한 제1차 천안문 사태이다.

중국 인민의 존경을 받아오던 저우언라이(周恩來 : 1898~1976) 총리가 1976년 1월에 사망하자 그를 추도하기 위해 4월 4일 북경의 시민들은 천안문 광장으로 모여들어 인민영웅기념비 앞에 꽃다발을 바쳤다. 그런데 중국 정부는 이 꽃다발을 철거해 버렸다. 이를 본 시민들은 격분하여 다음날 마오쩌둥(毛澤東 : 1893~1976)과 그의 부인인 장칭(江靑 : 1914~1991)을 반대한다는 구호를 외치며 과격한 시위를 벌였다.

중국 정부는 이것을 반혁명 사건이라 하고 천안문 광장에 군대를 보내 무력으로 이들을 진압하였다. 이 때문에 3,000여 명의 사상자가 발생하였다. 또한 당시 개혁과 개방을 이끌고 있던 부주석 덩샤오핑(鄧小平 : 1904~1997)을 배후 조정자라고 하여 해임하였다.

그러나 그해 마오쩌둥이 죽자, 중국 정부는 장칭을 포함한 4인방이 최고 지도권을 빼앗으려 했다는 혐의로 체포하고 1977년 덩샤오핑을 부주석으로 복귀시켰다. 덩샤오핑은 1980년 화궈펑(華國鋒 : 1921~2008) 주석을 몰아내고 최고 실력자가 되었다. 그리고 마오쩌둥을 비판하면서 개혁과 개방을 더 강하게 추진하였다.

하지만 정치에 있어서만큼은 개혁이 이루어지지 않았다. 일부 지식인들은 사상과 문호 개방, 평등 · 보통선거와 비밀선거의 보장, 부분적인 3권 분립 도입을 주장했으며, 반체제적인 인물도 나오기 시작했다. 인권 운동가인 웨이징성(魏京生 : 1950~)은 "민주냐 독재냐" 같은 구호를 내세워 덩샤오핑을 새로운 독재자로 지목하기까지 하였다.

정치개혁에 호의를 보였던 덩샤오핑은 이 말을 듣고 웨이징성 같은 반체제 인물들을 체포하라는 명령을 내렸다. 그리고 지식인들의 정치개혁 요구가 체제를 위협할 수 있다고 생각하였다.

한편 1986년 안후이 성安徽省에 있는 과학기술대학에서는 학생들이 민주화를 요구하였고 이들의 주장은 전국적으로 확산되었다. 그리고 과학기술대학 부학장이었던 팡리즈(方勵之 : 1936~2012)를 포함한 많은 당원들이 학생운동에 호의적이었다. 중국의 자유와 민주주의 실현, 중국의 인권 문제가 공개적으로 토론되기도 하였다.

하지만 이것은 공산당 내 보수파를 자극하여 민주화 운동에 대하여 소극적이었던 당 총서기 후야오방(胡耀邦 : 1915~1989)을 사임시키도록 압력이 들어왔다. 덩샤오핑은 보수파의 주장을 받아들였고 이 때문에 그는 국내외에서 명성이 크게 떨어졌다. 당내 보수파와 학생운동이 마주보고 달리는 열차처럼 나아가고 있었다.

1989년 4월 14일 중국 공산당 총서기였던 후야오방(胡耀邦 : 1915~1989)이 세상을 떠나자 학생들은 그에 대한 공정한 평가와 부패 관료 타도 등을 외쳤다. 베이징 지역의 대학생들이 정부에 대화를 요구했지만 덩샤오핑은 이렇게 말했다.

"지금은 학생들을 만나지 않겠다. 추모 행사가 열린 후에 학생들이 다시 소란을 피울 이유가 없다. 만약 다시 소란을 피운다면 그것은 성격이 변질된 것이다".

하지만 정치 개혁과 민주화를 요구하는 학생들의 시위는 더욱 불어났고 노동자와 지식인 그리고 시민들도 학생운동을 지지하고 가담하기 시작했다. 덩샤오핑은 5월 8일 군부의 지휘자들을 불러 모았다. 그들에게 충성을 맹세 받고 학생운동을 진압하기 위해 병력을 배치했으며, 출격 준비 명령을 내렸다.

소련의 개혁과 개방을 이끌던 미하일 고르바초프(Mikhail Sergeyevich Gorbachyev : 1931~) 서기장의 방문 기간이었던 5월 17일에는 100만 명이 넘는 대규모 시위가 있었다.

마침내 중국 당국은 5월 19일 베이징에 군대를 투입하고 20일에는 베이징에 계엄령을 선포하였다. 그리고 6월 4일 인민해방군은 천안문 광장에 모여 있던 학생들을 포함한 시위 군중들에게 무차별 사격을 하였다. 이른바 제2차 천안문 사태가 벌어진 것이었다.

덩샤오핑은 천안문 사태가 5일째 되던 날 계엄군 장교들을 모아 놓고 분명히 말했다.

"그들은 공산당을 타도하고 사회주의 제도를 전복시키려 하였다."

아직까지 천안문 사태의 정확한 평가가 나오지 않고 있다. 분명한 사실은 천안문 사태에도 불구하고 학생들과 인민들의 민주화와 정치 개혁 요구가 끝나지 않았다는 것이다.

한편 천안문 사건 이후 중국공산당은 6월 23일부터 이틀간 제13기 4중 전회를 열고 자오쯔양(趙紫陽 : 1919~2005) 지지 세력을 제거하는 권력 개편을 단행했다.

장쩌민이 신임 당 총서기에 선출됨으로써 리펑(李鵬 : 1928~) · 장쩌민(江澤民 : 1926~) 체제가 정식으로 출범했다.

* 1898년 3월 5일 '중국 최초 총리 저우언라이가 태어나다' 참조
* 1976년 4월 5일 '중국 제1차 천안문 사태가 벌어지다' 참조
* 1989년 6월 24일 '장쩌민, 중국 당 총서기에 선출되다' 참조

—

1940년 6월 4일

영국 · 프랑스 연합군, 덩케르크 철수 작전 종료

—

제2차 세계 대전이 한창이던 1940년 5월, 80만 독일군은 침공 보름 만에 프랑스를 휩쓸었다. 영국 · 프랑스 연합군 40만 명은 프랑스 북부 소도시 덩케르크에 갇혔다.

이에 영국의 전시내각 총리에 갓 지명된 윈스턴 처칠(Winston Leonard Spencer Churchill : 1874~1965)은 '항전과 철수'라는 단안을 내렸다.

철수 작전이 시작된 1940년 5월 27일, 배에 오른 병사는 7,669명에 불과하였다. 하지만 이튿날에는 1만 7,804명으로 늘어났고, 6월 초에는 6만 4,229명으로 불어났다.

이것은 탈출이 시작됐다는 소식을 들은 국민들이 자발적으로 포화를 뚫고 덩케르크로 달려가 병사들을 실어 날랐기에 가능했던 것이었다. 어선 820척을 비롯해 2인승 요트까지 수많은 배가 덩케르크로 몰려들었다.

철수 작전은 6월 4일 종료되었다. 그 결과, 연합군 3만 명이 전사하고 3만 4,000여명이 포로로 잡혔지만 33만 8,226명이 영국으로 돌아왔다. 연합군 수뇌부가 생환이 가능하다고 예상했던 4만 5,000여 명의 7.5배가 넘는 병력이었다.

하지만 덩케르크 철수 작전은 연합군의 처절한 패배였다. 간신히 사람만 빠져나왔을 뿐 연료 60만 톤과 화약 7만 6,000톤, 탱크 289량을 포함한 차량 6만 3,897대, 기관총 1만 1,000정, 대공포 1,250문, 야포 1,200문 등 막대한 장비를 잃었다.

—

1937년 6월 4일

스페인 화가 피카소, 「게르니카」 완성

—

"회화는 아파트를 장식하기 위해서 만들어지는 것이 아니다. 그것은 적과 대항하는 공격적이고 방어적인 전쟁의 도구이다."

-파블로 피카소

1937년 4월 26일, 독일의 아돌프 히틀러(Adolf Hitler : 1889~1945) 총통은 스페인 프란시스코 프랑코(Francisco Franco : 1892~1975) 총통의 파시스트 정권을 돕기 위해 바스크의 작은 도시인 게르니카에 대해 무차별 융단 폭격을 가하였다.

이 공습은 민간인을 겨냥한 세계 최초의 집중 폭격이었다. 이 폭격으로 게르니카 7,000명 주민 중 1,000명 이상이 학살당했고, 도시 전체가 불바다가 되었다.

이 소식을 들은 스

「게르니카」

페인의 화가 파블로 피카소(Pablo Ruiz y Picasso : 1881~1973)는 분노하였다. 그는 스페인 공화국 정부로부터 파리 만국 박람회 스페인관을 장식하기 위한 작품을 의뢰 받은 상태였다. 그는 5월 1일부터 혼신의 열정을 다 쏟아 작품 제작에 임하였다. 그러고는 불과 한 달여 만인 6월 4일「게르니카Gernica」를 완성하였다.

「게르니카」는 파시즘 독재와 공포 앞에 의연히 맞선 분노의 외침이며 혁명이었고 피카소의 상징이었다. 피카소는 이 그림을 그리면서 나폴레옹 군대가 1808년 5월 3일 무고한 스페인 시민을 학살한 프란시스코 고야(Francisco Jose de Goya y Lucientes : 1746~ 1828)의 그림「1808년 5월 3일 The Third of May 1808」을 자주 언급했다고 한다.

* 1746년 3월 30일 '스페인 화가 프란치스코 고야 태어나다' 참조
* 1808년 5월 3일 '프랑스의 나폴레옹 군대, 스페인 마드리드 시민 학살' 참조
* 1937년 4월 26일 '독일 나치스, 스페인의 소도시 게르니카 폭파' 참조

1946년 6월 4일

후안 페론, 아르헨티나 대통령에 취임

1946년 후안 페론(Juan Domingo Perón : 1895~1974) 대령이 아르헨티나 대통령에 선출돼 6월 4일 취임하였다.

후안 페론은 1895년 아르헨티나 부에노스아이레스 주 남부에서 태어났다. 그의 아버지는 이탈리아계 이민자였다. 후안은 육군사관학교를 졸업하고, 1943년 군사쿠데타를 일으켜 문민정권을 폐하고 스스로

노동부장관에 취임하였다.

그는 노동 조건의 개선과 임금 인상으로 노동자의 인기를 독점하였지만 그를 반대하는 세력에게 체포되어 투옥되었다. 하지만 이것이 오히려 노동자 대중의 지지를 얻는 계기로 작용해 1946년 치러진 선거에서 후안은 대통령에 당선되었다.

그리고 그 이면에는 그의 부인인 에바 페론(Maria Eva Duarte de Perón : 1919~1952)이 있었다. 24세의 무명배우였던 에바 두하르테는 사생아로 태어나 밑바닥을 전전한 지난 경력이 무색할 만큼 아름답고 총명하였다. 그녀는 후안 지지를 호소하며 노동자 대중을 결집시켰고 그 힘으로 후안을 석방시킨 후 그를 대통령 자리에 오르게 한 것이었다.

대통령이 된 후안은 국가사회주의를 표방하면서 언론 · 보도의 자유를 탄압하고, 외국자본의 배제와 산업의 국유화를 단행하였다. 그리고 1951년에 재선되어 독재정치를 행하였다.

하지만 1952년 아르헨티나 온 국민의 사랑을 받던 에바가 세상을 떠났고, 후안은 계속된 경제 파탄으로 20세기 남미 최대 부호국이었던 아르헨티나를 파국으로 치닫게 했다. 결국 그는 1955년 실각하였고, 9월 군사혁명으로 국외로 추방되었다.

이후 1973년 9월 세 번째 부인 이사벨과 함께 부부가 대통령과 부통령에 나란히 당선되는 이변을 낳기도 하였다.

하지만 이듬해인 1974년 7월 후안은 79세를 일기로 세상을 떠났다.

* 1974년 6월 29일 '아르헨티나의 이사벨 페론, 세계 첫 여성 대통령으로 취임하다' 참조

2010년 6월 4일

로즈 새비지,
여성 첫 태평양 단독 보트 횡단에 성공

2010년 6월 4일, 영국의 환경운동가인 로즈 새비지가 여성으로서는 세계 최초로 태평양 단독 횡단 기록을 세웠다.

그녀는 7m 길이의 보트 '브로케이드'를 타고 수천 여 명의 환호 속에 남태평양 파푸아뉴기니 마당항에 입항하였다. 총 250일에 걸친 횡단을 끝낸 것이다.

새비지는 원래 매니지먼트 컨설턴트였다. 기후 변화와 해양 오염 등 환경 문제에 대한 사람들의 관심을 높이고자 2008년 5월 25일 미국 샌프란시스코를 출발한 것이 이 횡단의 시작이었다.

그녀는 중간에 하와이와 키리바티에 들러 각각 몇 달간 휴식을 취하면서 파푸아뉴기니까지 총 1만 3,000km를 항해하였다.

새비지는 바다 위에 있던 250일간 대략 2,500만 번 노를 저었다고 추산하였다. 새비지는 전에도 103일간 대서양 횡단에 성공한 바 있다.

6월의
모든 역사

6월 5일

.
.
.

1967년 6월 5일

이스라엘과 아랍 간의 제3차 중동 전쟁이 시작되다

"우리는 2534년 만에 되찾은 조국 이스라엘을 지키기 위해 부득이 이 전쟁에 참여할 수밖에 없습니다. 그러나 전쟁이 일어나면 우리는 최단기간 내에 반드시 승리할 것입니다. 그 이유는 전 장병이 최신식 무기로 무장해 있기 때문입니다."

-모세 다얀, 이스라엘 국방 장관

1948년 5월 14일 이스라엘이 건국되었다. 이후 이스라엘과 아랍 국가 간에 모두 4차례에 걸쳐 중동 전쟁이 치러졌다.

제1차 중동 전쟁은 이스라엘 건국과 이로 인한 팔레스타인 간의 갈등으로 아랍 연합군과 이스라엘 간에 벌어졌다. 이스라엘 건국 다음날인 1948년 5월 15일에 이집트 전투기들이 이스라엘을 폭격했고 전 아랍이 전쟁 상태에 돌입했다.

이집트 · 요르단 · 시리아 · 레바논 · 이라크 등 5개국 아랍군이 이스라엘을 공격했다. 이에 유대인들은 부족한 무기들을 가지고 20일 넘게 싸워 예루살렘과 텔아비브를 지켜냈다. 그리고 1948년 6월 11일 스웨덴의 중재로 휴전 협상이 시작되었다.

그 사이 미국의 지원으로 현대적인 전투 군대로 변한 이스라엘군은 모셰 다얀 장군의 지휘 아래 이집트 카이로, 요르단 암만, 시리아 다마스쿠스를 폭격해 승리를 거두었다. 1949년 2월에 평화 조약 조인을 맺으면서 제1차 중동 전쟁은 이스라엘의 승리로 끝이 났다. 이 전쟁은 이스라엘 독립 전쟁이라고도 불린다.

제2차 중동 전쟁은 일명 '수에즈 전쟁'이라고도 하며, 아랍권에서는 '삼국 침략'이라고도 한다. 1952년 7월 이집트에서는 가말 압델 나세르(Gamal Abdel Nasser : 1918~1970)가 국왕을 쫓아내고 대통령이 되는 쿠데타를 일으켰다. 이후 나세르는 소련과 친선 관계를 유지했지만 서방 국가에 대해서는 반감을 가지고 있었다.

이러던 차에 미국과 영국이 이집트 아스완 댐 건설 지원 요청을 거절하자 나세르가 수에즈 운하 국유화를 선언하며 수에즈 운하를 점령해 전쟁이 일어났다. 1956년 10월 29일의 일이었다.

영국과 프랑스가 공군을 동원해 수에즈를 폭격했고 이스라엘도 동맹을 맺고 이집트 시나이 반도를 침공하였다. 하지만 이 전쟁이 자칫 세계 대전으로 번질 위험이 있어서 미국과 소련이 압력을 가했고 국제연합UN 총회의 결의에 따라 삼국 군대가 철수하면서 전쟁은 금방 끝이 났다.

제2차 중동 전쟁 이후인 1964년 5월 팔레스타인 해방기구PLO가 결성되어 아랍 국가들이 그 대표권을 승인함으로써 이스라엘과 아랍 간의 관계는 새로운 양상으로 확대되었다. PLO는 그 헌장에서 이스라엘 말살과 팔레스타인 국가 건국이라는 '팔레스타인 대의大義'를 규정하였다. 그리고 이집트 · 시리아 등 아랍 국가의 지원하에 1950년대부터 활동해 왔던 알파타Al Fatah와 팔레스타인 해방군PLA 등의 무장조직을 동원하여 이스라엘에 대한 무차별 테러 공격을 시작하였다.

1967년 6월 5일 PLO의 테러에 대한 응징과 아랍 국가의 공격 기도에 대한 자위를 명분으로 이스라엘이 아랍에 대규모의 기습공격을 가했다. 제3차 중동 전쟁이 발발한 것이다. 전란은 시리아 · 요르단으로 확대, 전면적인 전쟁으로 확대되었다. 이스라엘은 모든 공군기를 출동시켜 이집트 공군기지를 170분 동안 맹폭격하여 전투기 300대를 파괴하였다.

6월 6일에는 시리아 · 요르단 · 이라크 전투기 416대를 파괴해 아랍 측 공군력을 괴멸시켰다. 압도적인 우세 속에서 이스라엘군은 요르단 강 서안西岸 지역, 시리아 국경의 골란 고원을 공략하였다. 국제연합UN 안전보장 이사회는 6월 6일 즉시 정전을 결의하였고, 쌍방의 수락에 의해 6월 9일 정전이 실현되었다.

6일간에 걸친 이 전쟁으로 아랍의 맹주 '아랍연합'의 권위는 땅에 떨어졌다. 또한 안전보장이사회는 그해 11월 중동 분쟁의 정치적 해결을 위한 결의 242호를 채택하였다.

이스라엘의 전격 기습 작전과 완벽한 승리로 끝난 제3차 중동 전쟁은 '6일 전쟁The Six Day War'이라고도 불린다.

마지막으로 일명 '욤키푸르 전쟁'이라고도 불리는 제4차 중동 전쟁은 1973년 10월 5일 이집트의 기습 선제공격으로 시작되었다. 이날은 이스라엘의 종교적인 축제일인 욤키푸르(사죄의 날)였다. 이집트군은 병력 75만 명, 탱크 3만 2,000대, 소련제 미사일 SA-6까지 총동원해 이스라엘을 공격하였다. 이스라엘의 병력은 이집트군의 3분의 1도 안 됐고 무기들도 이집트군의 절반도 안 되었기 때문에 개전 48시간 만에 이스라엘은 17개 여단이 전멸되었다.

하지만 이때 미국이 이스라엘에게 대대적 지원을 해 주었다. 이 욤키푸르 전쟁에서 소련이 35억 달러를 아랍국에, 미국은 22억 달러를 이스라엘에 쏟아 부었다. 또한 미국은 30일간 포위됐던 이스라엘에 군수 물자를 운반하기 위해 무려 5,566번의 비행 수송 작전을 펼쳤다.

미국의 지원을 등에 업은 이스라엘은 반격에 나섰고 비교적 허약한 시리아의 골란 고원을 집중 포격하였다. 골란 고원 전투에서 이스라엘이 시리아 군 탱크 867대, 차량 3,000대 이상을 파괴함으로써 전세를 역전시켰다.

결국 아랍이 자기들의 세력을 넓히기 위해 전쟁을 벌였지만 번번이 이스라엘의 승리로 전쟁은 끝났고, 이스라엘은 건국 당시보다 더 확장된 영토를 갖게 되었다.

그러나 이 전쟁의 여파로 1970년대부터 세계는 이슬람계 테러 집단의 계속되는 테러를 겪게 되었으며, 전쟁이 끝났어도 평화는 정착되지 않아 아직도 중동은 불안한 정세 속에 있다.

이스라엘과 아랍 간의 문제는 팔레스타인 문제, 석유 자원을 둘러싼
강대국의 개입, 쿠르드족 문제, 이슬람교 내 시아파와 수니파의 갈등
등으로 인해 대단히 복잡한 양상을 띠고 있다.

* 1948년 5월 14일 '유대 민족의 국가 이스라엘이 세워지다' 참조
* 1948년 5월 15일 '이스라엘과 아랍 간의 제1차 중동 전쟁이 시작되다' 참조
* 1956년 10월 29일 '이스라엘과 아랍 간의 제2차 중동 전쟁이 시작되다' 참조
* 1973년 10월 6일 '이스라엘과 아랍 간의 제4차 중동 전쟁이 시작되다' 참조

———

1942년 6월 5일

미국과 일본, 미드웨이 해전을 벌이다

———

"어제 방공연습이 끝나고 이제 다시 실전에 나갈 시간이 다가옵니다. 비행
할 때는 항상 어머니 사진을 품에 안고 가죠. 부모님 부디 건강하시기를
빕니다."

이 편지는 15세의 어린 나이로 일본군에 들어가 미드웨이 해전에서
전사한 한 병사가 쓴 것이다.

온 국민을 전쟁터로 몰아넣었던 일본은 하와이 북서쪽에 있는 미드
웨이 섬 미군 기지를 공격하기로 결정하였다.

1942년 6월 5일 이른 아침, 일본 야마모토 해군 대장의 명령으로
108대의 항공기가 항공모함에서 날아올랐다. 수많은 폭탄이 미군 군사
시설에 떨어졌지만 피해는 거의 없었다. 애꿎은 땅만 흔들릴 뿐이었다.

일본군의 암호 망이 뚫렸기 때문이었다.

　돌아온 비행기들은 다시 공격 준비를 하였지만, 미 해군의 전투기들이 일본 항공모함과 정비 중인 비행기 모두를 격침시켰다. 이 해전으로 일본 해군은 미 해군에게 밀리기 시작했으며 전쟁의 주도권은 미국으로 넘어갔다.

▬

1963년 6월 5일

이란 팔레비 정권, 시아파 지도자 호메이니 체포

▬

　이란의 시아파 종교 지도자 아야톨라 루홀라 호메이니(Ayatollah Ruhollah Khomeini : 1902~1989)가 국왕 팔레비의 이른바 '백색 혁명'에 반대하는 데모를 벌였다가 1963년 6월 5일 체포되었다.

　백색혁명White Revolution이란 이란의 2대 황제인 무하마드 레자 팔레비(Mohammad Reza Shah Pahlevi : 1919~1980)가 이란의 근대화와 서구화를 제창하며 펼친 개혁을 말한다.

　호메이니는 이란의 테헤란 남서쪽 호메인에서 출생하였다. 그는 어려서부터 지방 도시인 마드라사에서 유학하였다. 거기에서 당시 최고의 성직자인 압둘카림 하에리(Abdulkarim Haeri : 1859~1937)에게 지도를 받았다. 1927년 이슬람 사원에서 철학을 강의하였고, 1930년대 후반에는 국왕 레자 샤 팔레비(Reza Shah Pahlevi : 1877~1944)의 종교 탄압에 저항하였다.

　1941년 호메이니는 『비밀의 폭로Kashifi asrar』를 저술하였다. 이 책을 통해 왕정을 부정하고 왕이 추진하는 이란의 서구화 · 세속화 정책에 반

대하였다. 1950년대 후반에는 중요 성직자에게 부여하는 아야톨라
ayatollah의 칭호를 받았고, 이슬람교 시아파派의 지도자 보루제르디가 죽
은 후 샤리아트마다리, 밀라니와 나란히 시아파의 3거두가 되었다.

1963년 백색혁명 반대로 체포된 후 다음해에 터키로 망명하였다가
1965년 이라크의 나자프로 옮겼다. 1971년 국외에서 페르세폴리스의
이란 건국 2500년 축제를 반대하는 데모를 조직하였다. 이후 1978년
이라크에서 퇴거를 명령받자 프랑스 파리 근교의 노프르르 샤토로 가
서 이란 혁명을 지도하였다.

1979년 2월 1일 이라크에 귀환한 후 임시 혁명정부를 조직하였으며,
12월 신헌법을 공포하여 이란 이슬람 공화국을 성립시켰다.

이후 이슬람 지도자인 이맘imamn의 칭호를 받았으며 1989년까지 실
질적으로 국가를 대표하는 최고의 종교지도자로 이란을 통치하였다.

* 1979년 2월 1일 '이란 혁명 지도자 호메이니 귀국' 참조
* 1979년 2월 11일 '이란 혁명 발생' 참조
* 1979년 4월 1일 '이란, 이슬람 공화국 선포' 참조

1947년 6월 5일

미국, 마셜 플랜 발표

'마셜 플랜Marshall Plan'은 유럽부흥계획이라고도 한다.

제2차 세계 대전이 끝난 후인 1947년 6월 5일 미국 국무장관이었던
조지 마셜(George Catlett Marshall : 1880~1959)이 "유럽의 여러 나라가

유럽의 자립에 관해 합의한다면 미국은 원조를 제공할 용의가 있다."고 밝힌 데서 나온 것이다.

이에 따라 유럽은 서유럽 국가를 회원으로 유럽경제협력기구OEEC를 설립하였다. 미국은 총 110억 달러의 원조를 하였으며, 냉전이 깊어지면서 점차 군사적 원조로 성격이 변해갔다.

* 1948년 4월 3일 '미국 트루먼 대통령, 마셜 플랜에 서명하다' 참조

6월의
모든 역사

6월 6일

■
■
■

1944년 6월 6일

연합군, 노르망디 상륙작전을 개시하다

1944년 1월, 프랑스 노르망디 해안. 짙은 어둠이 깔린 바다에서 잠망경이 천천히 위로 올라왔다. 잠수함은 두 명의 코만도를 해안에 상륙시켰다. 영국 특별공격대의 보우덴 소령이 해안의 모래를 주워 담았다. 과연 전차가 이곳을 지날 수 있는지 알기 위해서다. 그로부터 5개월 후, 지상 최대의 작전이 펼쳐진다.

-『D-데이의 비밀』

독일은 1939년 3월 체코슬로바키아를 침략하고 8월에 소련과 불가침 조약을 맺었다. 이어서 9월 1일에는 폴란드에 대한 군사행동을 선언하고 전쟁을 확대했다. 이에 영국과 프랑스는 9월 3일 독일에 선전포고를 하였다. 제2차 세계 대전이 시작된 것이다.

그러나 독일은 1940년 5월에 네덜란드와 벨기에를, 6월에는 프랑스를 침략하여 점령하였다. 이제 독일과 대적할 만한 나라는 영국뿐이었다. 그해 8월 독일은 영국에 대대적인 공습을 감행하였지만 승리하지 못하였다. 다만 9월에 이탈리아 · 일본과 3국 동맹을 맺었다. 1941년 5월에는 그리스 · 불가리아 · 유고슬라비아를 점령하였다.

독일은 소련과 불가침 조약을 맺었지만 영국을 공격하려면 언제 뒤에서 영국과 손잡을지 모르는 소련을 제압해야 한다고 판단하였다. 결국 1941년 6월 22일 독일은 조약을 깨고 소련 모스크바를 향해 진군하였다. 하지만 소련의 끈질긴 저항으로 전선에서 후퇴할 수밖에 없었다. 나폴레옹이 넘지 못한 소련의 겨울을 히틀러 역시 넘지 못한 것이었다.

한편 태평양에서는 일본이 12월에 진주만 공습을 감행하여 태평양 전쟁이 벌어졌다. 그리고 1942년 1월에 미국 · 영국 · 중국 · 소련 등 26개국은 『연합국 선언』에 조인하였다.

1942년 독일은 전선을 남쪽으로 돌려 우크라이나의 농업 지대와 코카서스 유전 지대를 공격하였지만 스탈린그라드 전투에서 패배하여 침공 작전은 실패로 돌아갔다. 그해 6월 미국은 미드웨이 전투에서 일본군을 격퇴하였고, 연합군은 1943년 9월에 무솔리니의 이탈리아를 점령하였다. 이제 유럽에서 남은 것은 독일과 연합군의 한판이었다.

동부전선에서 독일군에 대항해 처절한 싸움을 벌이고 있던 소련은 연합군에게 계속해서 서부전선을 만들어 줄 것을 요청하였다. 하지만 영국은 신중하게 판단하였다.

1943년 5월, 미국의 프랭클린 루스벨트(Franklin Delano Roosevelt : 1882~1945) 대통령과 영국의 윈스턴 처칠(Winston Leonard Spencer Churchill : 1874~1965) 총리는 대규모 상륙작전을 실행하기로 결정하였다. 11월에 연합군 대표들은 이란의 테헤란에 모여 이듬해인 1944년 5월 1일까지 북프랑스에서 상륙작전을 실행할 것을 확인하였다. 이제 결전의 날D-Day만 정해지면 되었다.

작전명 오버로드OVERLOAD, 작전 장소 노르망디 해안, 총사령관 드와이트 아이젠하워(Dwight David Eisenhower : 1890~1969) 대장, D-Day 6월 6일 새벽으로 정해졌다.

오버로드 작전에 앞서 연합군은 영국과 가장 가까운 프랑스 칼레 지역에 상륙할 것처럼 기만 작전을 펼쳤다. 거짓으로 무전송신을 하고, 칼레 근처 바다에서 해군 기동연습을 하였다.

이것은 세계 최고, 최대의 연극이었다. 노르망디 상륙작전이 시작되자 독일은 칼레의 독일 병력을 노르망디로 유인하려는 연합군의 양동작전으로 판단하였다. 함정에서 묵묵히 상륙작전 광경을 보고 있던 소련 공산당 서기장 이오시프 스탈린(Iosif Vissarionovich Stalin : 1879~1953)이 말했다.

"이처럼 웅장한 규모로 전개된 작전은 일찍이 본 일이 없었다."

상륙을 위해 차례를 기다리고 있던 배 주위로 독일군의 포탄이 떨어져 커다란 물기둥을 만들고 있었다. 그럼에도 배 안에서는 병사들이 카드놀이를 즐기고 있었다. 이윽고 수송기와 글라이더를 이용하여 공수

부대원들이 거점을 확보하였고, 해안 방어물을 제거하기 위해 공병대가 착륙하였다. 항공기와 함포에서는 끊임없이 포탄을 쏟아내어 독일 방어 부대를 흔들더니, 4,200척의 선박에 있던 5개 사단 병력 12만 명의 병사들이 해안가에 발을 들여놓았다.

독일의 저항에도 불구하고 연합군의 해안 상륙은 성공적이었다. 이날은 연합군과 독일군 모두에게 제2차 세계 대전의 승패가 나누어진 '가장 긴 날'이었다. 아이젠하워 장군은 이날 노르망디 작전 성공을 축복하였다.

"연합 원정군의 육해공군 장병 여러분, 여러분들은 바야흐로 위대한 십자군 원정에 나서려 하고 있습니다. 여러 달 동안 우리는 이 과업을 준비하기 위해 땀 흘렸고, 지금 세계의 시선은 여러분들에게 쏠려 있습니다. 나는 여러분들의 용기, 임무에 대한 헌신성, 그리고 전투 역량에 무한한 자신감을 가지고 있습니다. 하나님의 축복이 우리와 함께 하시기를 기원합니다."

다음 날 연합군은 셰르부르 항을 점령하였다. 7월 2일까지 100만의 군사와 차량 17만 대가 상륙하였다. 마침내 유럽 대륙에 제2전선이 형성된 것이다. 그리고 2개월 후에 연합군은 파리 시민을 해방시켰다.

이제 독일이 유일하게 할 수 있는 것은 항복문서에 서명하는 날을 결정하는 것이었다. 결국 이듬해인 1945년 5월 7일 독일은 연합국이 제시한 항복문서에 무조건 서명함으로써 5년 8개월에 걸친 광기의 제2차 세계 대전이 종결되었다.

* 1942년 6월 5일 '미국과 일본, 미드웨이 해전을 벌이다' 참조

* 1945년 5월 7일 '독일, 연합국에 항복 선언' 참조

1473년 6월 6일

오닌의 난을 일으킨 호소카와 가쓰모토 암살당하다

일본은 12세기 말 천황의 지배가 끝나고 무사가 지배하는 중세 시대로 접어들었다. 가마쿠라 막부(1192~1333), 무로마치 막부(1336~1572)가 중세 일본을 통치한 후 1467년 오닌의 난을 시작으로 전국시대戰國時代가 펼쳐졌다. 그리고 1603년 중세의 마지막 막부인 에도 막부(1603~1868)가 들어섰다.

무로마치 막부의 6대 쇼군將軍 아시카가 요시노리(足利義敎 : 1394~1441)가 전제정치를 하기 위해 대영주인 다이묘大名들을 탄압하다가 1441년 아카마스에게 살해당했다.

곧바로 아카마스는 막부의 군대에게 토벌되었으나, 요시노리의 비참한 죽음으로 쇼군의 권위는 땅에 떨어지고 힘 있는 다이묘에게 권력이 좌우되었다.

1449년 막부의 제8대 쇼군으로 아시카가 요시마사(足利義政 : 1436~1490)가 올랐지만 상황은 마찬가지였다. 13세 어린 나이의 쇼군에게는 힘이 없었다. 가뭄과 전국에서 일어난 폭동으로 막부의 통치력은 한계를 보이고 있었다.

또한 막부를 떠받치고 있는 관령가 3가문 중에서 하타케야마, 시바

두 가문에서 상속권을 둘러싸고 싸움이 일어나 세력이 크게 약화되어 있었다. 오직 호소카와細川 가문만이 내분이 없었다.

그런데 수도인 쿄토를 지키고 있는 유력한 네 가문이 있었는데, 이 중 야마나山名 가문의 세력이 점점 커지면서 호소카와 가문과 대립하게 되었다.

1465년 29세가 된 쇼군 요시마사는 나라의 상황을 바꿀 수 없다고 생각하고 절에 가 있는 동생 요시미(足利義視 : 1439~1491)를 불러와서 쇼군의 자리를 물려주려고 결심했다. 쇼군에게는 아들이 없었기 때문에 요시미가 쇼군이 되는 것은 당연하게 보였다. 요시미의 후견인으로는 재상에 해당하는 간레이管領를 지낸 호소카와 가쓰모토(細川勝元 : 1430~1473)를 세웠다.

그런데 1465년 11월 20일 쇼군이 후계자를 정하자 문제가 발생했다. 쇼군 요시마사의 부인인 도미코가 3일 후에 아들 요시히사(足利義尚 : 1465~1489)를 낳은 것이다. 소심했던 쇼군과 다르게 성격이 여장군과 같이 과감했던 도미코는 아들인 요시히사를 쇼군의 후계자로 만들기 위해 야마나 가문의 야마나 모치토요(山名持豊 : 1404~1473)를 후견인으로 결정하였다.

쇼군의 자리를 둘러싸고 요시미를 지지하는 세력과 요시히사를 지지하는 세력 사이에 대결이 시작되었다. 먼저 요시히사 측에서 요시미의 암살을 시도하자, 지방을 지키던 힘 있는 유력 수호(守護 : 지방 태수)들이 군대를 일으켜 쿄토로 올라와 대항했다.

쇼군 요시마사의 우유부단한 성격으로는 두 가문을 통솔할 수 없었기에 쇼군 후계자를 둘러싼 두 가문 사이에는 전쟁의 기운이 감돌고 있었다.

1467년 1월, 마침내 두 세력이 맞붙었다. 두 군대는 동서로 대립하여 호소카와 측을 동군, 야마나 측을 서군으로 불렀다. 전국에 있는 다이묘들이 중심이 되어 동군에는 16만 명의 군사가, 서군에는 11만 명의 군사가 모였다. 이른바 오닌應仁의 난이 일어난 것이다. 전쟁은 일전일퇴를 거듭하였지만, 어느 누구도 승부를 내지 못하는 지루한 전쟁이 계속되다가 교착상태에 빠졌다.

1473년 6월 6일 야마나 측은 호소카와 가쓰모토를 암살하고 승기를 잡는 듯하였다. 하지만 곧이어 모치토요 또한 병으로 죽자 전쟁을 하는 이유가 뚜렷하지 않게 되었다. 더구나 서군 야마나 측에 전쟁 명분을 제공한 도미코 부인이 아들 요시히사를 데리고 동군으로, 쇼군의 동생 요시미는 서군으로 가 버렸다. 전쟁이 이상해져 버린 것이다.

결국 다음해 호소카와 가문과 야마나 가문이 화해를 하여 쿄토를 중심으로 한 전쟁은 끝났다. 그리고 1477년 남은 다이묘들도 화의를 하고 귀국해 버려 긴 전쟁은 막을 내리게 되었다.

비록 오닌의 난은 끝났지만 막부를 중심으로 통제되던 일본 사회는 무너지고 각 지방의 힘 있는 인물과 세력을 중심으로 전국시대가 시작되었다. 무로마치 막부를 이끌던 쇼군은 이제 쿄토의 한 부분만을 차지하고 있는 다이묘로 바뀌었다.

—

1844년 6월 6일

조지 윌리엄스, YMCA 창설

—

1844년 6월 6일 영국 런던의 히치콕로저스 상점 점원이던 조지 윌리엄스(George Williams : 1821~1905)가 12명의 청년들과 함께 기독청년회 (YMCA : Young Men's Christian Association)를 설립하였다.

이 단체는 산업혁명 직후의 혼란한 사회 속에서 젊은이들의 정신적 · 영적 상태의 개선을 도모하고자 만들어졌다.

그 후 YMCA는 유럽 각국으로 급속히 전파되어 1855년 프랑스 파리에서 세계 YMCA 연맹을 결성하였다. 그리고 두 차례의 세계 대전을 겪으면서 난민 구호 사업과 전쟁 포로를 위한 사업을 펼쳤다.

YMCA는 현재 세계 120여 나라에 1만 이상의 조직과 3,000만 명이 넘는 회원을 가진 세계 최대의 청년 운동 단체로 성장하였다.

회원들은 YMCA 운동의 정신인 독일 경건주의에 따른 정신적 각성, 만인사제론에 입각한 평신도성의 자각, 선교에 대한 정열과 기독교 정신으로의 일치를 기본 원칙으로 하여 봉사 정신을 발휘하고 있다.

1968년 6월 6일

미국 상원의원 로버트 케네디 사망

1968년 6월 6일 아침, 결국 미국 상원의원 로버트 케네디(Robert Francis Kennedy : 1925~1968)가 사망하였다. 케네디 의원은 전날인 6월 5일 미국 민주당 대통령 후보로서 캘리포니아 주州 예비선거에서 승리를 거둔 직후, 요르단계의 이민자에게 저격을 당하였다.

로버트 케네디는 1925년 매사추세츠 주 브룩라인에서 태어났다. 그는 1948년 하버드 대학교를 졸업하고, 1951년 버지니아 대학교에서 법학 학위를 받았다. 그 후 법조계에 들어가 미 상원위원회의 법률 자문을 지냈다.

1960년 대통령 선거에서 형인 존 피츠제럴드 케네디(John Fitzgerald Kennedy : 1917~1963)의 선거운동 사무장으로 활약하였고, 1961년 케네디 행정부에서 법무장관과 대통령 고문을 지냈다.

1964년에는 뉴욕 주에서 상원의원에 당선되었다. 1968년 3월 민주당의 유력한 대통령 후보가 되어 출마 성명을 하고 선거전에 돌입하였다.

하지만 1968년 6월 형에 이어 동생인 케네디도 총격을 맞고 사망함으로써 형제 대통령 탄생은 물거품이 되었다.

* 1963년 11월 22일 '미국의 케네디 대통령 암살 당하다' 참조

6월의
모든 역사

6월 7일

1415년 6월 7일

콘스탄츠 공의회,
위클리프와 후스를 이단으로 규정하다

신실한 그리스도인들이여, 진리를 찾으라! 진리를 들으라! 진리를 배우라! 진리를 사랑하라! 진리를 말하라! 진리를 지키라! 죽기까지 진리를 수호하라!
그것은 진리가 너를 죄와 악마와 영혼의 죽음과 마침내 영원한 죽음으로부터 자유롭게 하기 때문이다.

-얀 후스

신성로마제국 황제 지기스문트(Sigismund : 1368~1437)의 제안으로 교황 요한 23세(Joannes XXIII : 1360~1419)는 1414년 11월 5일에 독일 콘스탄츠에서 중세 그리스도교회 최대의 공의회를 소집하였다. 이른바 콘스탄츠 공의회Council of Konstanz가 소집된 것이었다.

이 회의에는 300명 이상의 주교, 100명 이상의 대수도원장, 다수의 고위 성직자, 신학자, 교회법학자, 통치자 들이 참석하였다.

하지만 이때 가톨릭교회는 1378년 이후 39년간 로마의 그레고리우스 12세(Gregorius XII : 1325~1417)와 아비뇽의 대립교황 베네딕투스 13세(Benedictus XIII : 1328~1423)가 대립하는 대이교大離教라고 불리는 사태가 계속되고 있었다. 대립교황은 원래 로마 가톨릭에서 인정하지 않는 비합법적으로 교황권을 행사한 이들을 가리킨다. 하지만 베네딕투스 13세는 자신의 정통성을 주장하였기에 이른바 교황 정립鼎立 시대를 맞아 가톨릭 교회 사상 최대의 혼란을 겪고 있었다.

결국 1409년에 소집된 피사 교회 회의에서 로마의 그레고리우스 12세와 아비뇽의 베네딕투스 13세를 모두 파면하고, 새로이 알렉산데르 5세(Alexander V : 1339~1410)를 교황으로 선출하였다. 그러나 2명의 교황은 파면을 인정하지 않았다. 그래서 오히려 3파로 분열하는 상태가 되어 버렸다.

그래서 이 사태를 해결하기 위해 요한 23세가 공의회를 소집한 것이었다. 이 회의는 1418년 4월 22일까지 계속되었는데 다른 2명의 교황은 결석하였다. 요한 23세도 1415년 3월 20일 회의를 보이콧하면서 콘스탄츠를 떠났다. 이에 회의는 소집자를 잃고 곤란에 빠졌지만 지기스문트 황제에 의해서 속행되었다. 5월 20일 요한 23세는 폐위되었다.

이에 공의회는 교회의 일치를 최대의 목표로 삼아 우여곡절 끝에 "공의회가 분열된 전 교회를 대표하며, 그 권능은 하느님으로부터 직접 온 것"임을 선언하고 그레고리우스 12세를 설득하여 7월 4일 자진 퇴위케 하였고, 베네딕투스 13세는 황제가 직접 설득했음에도 불구하고 퇴위를 거부하였기 때문에 1417년 7월 26일 회의에서 폐위가 선고되었다.

그리고 후임으로 마르티노 5세(Martino V : 1368~1431)를 선출함으로써 유럽 교회의 대분열을 종식시키고 난국을 수습하였다.

또한 공의회는 신앙 문제와 관련하여 영국의 종교개혁가 존 위클리프(John Wycliffe : 1320~1384)의 명제 '200개안'을 이단으로 선언하였다. 그리고 체코의 종교개혁가 얀 후스(Jan Hus : 1372~1415)의 명제 30개를 축조심사한 끝에 1415년 6월 7일 이단으로 단죄, 7월 6일 화형에 처하였다.

이 조치를 통해 가톨릭교회는 유럽에서의 대분열(동·서 교회의 분열 : 1378~1417)을 종식시키고 이단을 추방함으로써, 교회 개혁에 박차를 가하였다. 하지만 이 조치는 보헤미아의 반가톨릭운동에 기름을 붓는 결과가 되었다.

콘스탄츠 공의회는 회의 자체가 공의회 지상주의를 채택한 점에 특색이 있었다. 중세 말기에 성해진 이 주의는 시스마(분열) 등에 의한 교황 권위의 실추로 더욱 강화되었으나, 다시 이 공의회가 현안의 시스마 문제를 수습하는 데 성공함으로써 결정적 영향력을 가지게 되었다.

그래서 의회는 교령敎令을 공포하여 공의회는 교회의 최고 권위이며, 교황권의 상위에 있는 교회의 지상적至上的 존재임을 선언하였다.

1895년 6월 7일

마르코니, 무선전신 발명

1895년 6월 7일, 이탈리아 볼로냐 지방의 한 언덕에서 젊은 과학자 굴리엘모 마르코니(Guglielmo Marconi : 1874~1937)가 금속판을 두드리고 있었다. 이 금속판은 유도코일을 통해 공중선과 연결돼 있었다. 맞은편 언덕에서 열심히 검파기를 들여다보고 있던 그의 조수가 순간 벌떡 일어서더니 공중에 총을 쏘았다.

마르코니가 보낸 전파 신호가 검파기에 포착됐다는 사실을 알리기 위해서였다. 시공을 초월해 전파로 의사소통을 할 수 있을 것이라는 한 과학자의 집념이 확실히 증명되는 동시에 라디오가 지구상에 태어나는 순간이었다.

마르코니는 1874년 이탈리아인 아버지와 아일랜드인 어머니 사이에서 태어났다. 그는 어려서부터 물리학과 전기공학 등에 깊은 관심을 보였고, 1894년부터 라디오 전파를 통해 전선 없이 메시지를 보내는 실험을 시작하였다. 그리고 1년 만인 1895년에 무선전신 발명에 성공하였다.

하지만 마르코니의 발견에 대해 이탈리아 정부는 큰 관심을 보이지 않았다. 이에 마르코니는 영국 우전성의 전면 지원을 받으면서 전신시스템에 관한 세계 최초의 특허를 획득했다. 그는 브리스톨 해협 횡단 무선전신 실험에 성공하였고 1899년에는 프랑스와 영국 해협의 187km, 1902년에는 2,500km 떨어진 선박과 육지와의 교신에도 성공하였다.

5년 뒤 마르코니와 영국이 합작한 마르코니 무선전신 회사는 대서양 횡단 무선전신 서비스를 상업적으로 시작하였다. 1920년쯤에는 선진국 대부분이 무선전신 서비스를 도입하였다. 이후 주파수 변조장치가 개발되면서 음성과 음악을 멀리까지 보내 들을 수도 있게 되었다.

1922년에는 미국에서만도 600여 개의 라디오 방송국이 생겨 100만 명 이상이 라디오를 청취하게 됐고, 영국에는 BBC방송국이 설립되었다. 선박과 항공기에 라디오 장치를 설치하는 것은 거의 필수가 되다시피 해졌다.

마르코니는 1909년 그의 선구자적인 업적을 기념해 노벨물리학상을 수상했으며, 1937년 7월 20일 이탈리아 로마에서 눈을 감았다.

－

1969년 6월 7일

온두라스와 엘살바도르, 축구 시합 후 난투극을 벌이다

－

중남미에 있는 온두라스와 엘살바도르의 축구 국가대표팀은 1969년 6월 7일 멕시코 월드컵 출전 티켓을 얻기 위해 예선전을 치렀다. 시합은 연장전까지 가서 결국 엘살바도르가 3대 2로 승리하였다. 이에 흥분한 온두라스 응원단이 엘살바도르 응원단에게 돌을 던졌고, 축구장 안에서는 난투극이 벌어졌다.

이 사건으로 6월 30일 두 나라는 국교를 단절하고 3일 뒤에는 전쟁으로 확대되었다. 일명 100시간 전쟁이라고도 한다.

사실 축구 시합은 빌미였고, 직접적 원인은 엘살바도르인 수십만 명이 온두라스로 불법 월경하여 정착했기 때문이었다.

1969년 온두라스 정부는 수만 명의 월경 농민을 국외로 추방하였는데, 그들이 온두라스에서 학대 받았다는 소문을 퍼뜨렸다. 이에 양국은 축구 경기를 빌미로 전쟁을 벌인 것이었다.

미주기구OAS가 조정에 나서 5일 만에 전쟁은 끝났으나 사망자가 3,000명이나 되었다. 또한 이 전쟁으로 엘살바도르는 인접한 국가와의 무역에 지장을 초래하여 타격을 크게 받았다.

1995년 6월 7일

리덩후이 대만 총통,
대만 역사상 최초로 미국 방문

1995년 6월 7일 리덩후이(李登輝 : 1923~) 대만 총통이 대만 지도자로는 처음 미국을 방문하였다.

그의 방미는 모교인 코넬 대학교 동창회 참가를 위한 것이었다. 하지만 이 방문은 민주주의와 인권을 위한 대만의 노력이 국제사회에서 인정을 받았다는 것을 의미하며, 대만의 존재를 부각시켰다는 데 의의가 있다.

미국에 도착한 리덩후이 총통은 연설을 통해 중국이 대만의 외교를 방해하고 있다고 비난하였다. 또한 자신의 미국 방문이 달나라에 가는 것만큼이나 어려웠다고 말함에 따라 미국과 중국, 중국과 대만 간의 갈등이 크게 심화되었다.

중국은 실전을 방불케 하는 대규모의 군사훈련을 통해 대만을 위협하였고, 또한 미국에 대해서도 주미대사 소환으로 항의 표시를 하였다. 이에 미국은 중국의 세계무역기구wto 가입 방해와 인권 시비로 맞섰다.

6월의
모든 역사

6월 8일

1949년 6월 8일

에릭 블레어, 소설 『1984』 출간하다

증명할 수 있는 물적 증거가 없으면 자기 생애의 윤곽조차도 상실
되어 버린다. 일어나지도 않은 사건을 굉장한 일이었다고 기억하기
도 하고, 사소한 점은 생각나지만 당시의 분위기는 전혀 기억이 없
어 아무것도 확인할 수 없는 오랜 공백 기간이 생기게 된다.

-에릭 아서 블레어, 『1984』

조지 오웰George Orwell이라는 필명으로 더 잘 알려진 영국의 소설가 에릭 아서 블레어(Eric Arthur Blair : 1903~1950)의 미래 사회를 그린 소설 『1984 Nineteen Eighty Four』는 1949년 6월 8일 출간되었다.

『1984』는 가공의 초대국超大國 오세아니아에서 자행되는 전체주의적 지배의 양상을 묘사한 작품으로, 블레어가 죽기 2년 전에 탈고하였다.

에릭 블레어는 1903년 6월 25일에 당시 영국령이던 인도의 벵갈에서 태어났다. 그의 아버지는 식민국 공무원으로 근무하였고, 에릭은 두 살이 되던 해 어머니와 함께 영국으로 돌아왔다. 1917년부터 이튼 스쿨에 다녔으며, 1922년 인도 제국 경찰 간부 후보로 합격하였다.

그는 5년간 식민 관료 생활을 하면서 인간이 인간을 지배하는 것에 대한 깊은 자기혐오에 빠지게 되었다. 1927년 휴가차 영국으로 돌아온 그는 바로 사표를 제출하고 글만을 써서 살기로 결심하였다.

그리고 1933년에 그의 첫 번째 저서인 『파리와 런던의 밑바닥 생활 Down and Out in Paris and London』을 출간하였다. 이 작품에서 처음으로 조지 오웰이라는 필명을 사용하는데, 이것은 그가 작가로서 실패할 경우를 대비하고 가족들이 놀라지 않도록 하기 위해 선택한 것이었다.

이후 블레어는 한동안 밑바닥 생활을 경험하였고, 1936년 겨울에는 스페인 내전에 공화파를 지지하기 위해 참전하기도 하였다. 그리고 1943년 말부터 그는 좌파 잡지 『트리뷴』에서 문학편집자로 일하기 시작하였다. 이 시기에 블레어는 『동물 농장Animal Farm』을 집필하였고, 이전까지 그의 작품들과는 다르게 해학적인 면이 많아졌다.

1944년 2월에 『동물 농장』을 탈고하였지만, 소련과 스탈린에 대한 신랄한 비유로 가득 차 있어 한동안 출간되지 못하였다. 그 와중에 런던 공습에 의해 원고가 불타 버릴 뻔하기도 하였다.

『동물 농장』은 파시즘에 반대하는 것이었음에도 불구하고 반反공산주의로 읽혀 미국에 의해 광범위하게 번역되었다. 최초의 외국어 번역은 한국어 번역이었는데, 이것은 제2차 대전 이후 가장 첨예하게 냉전이 벌어진 지역이 한반도였기 때문이었다.

그리고 블레어는 1946년에 스코틀랜드 주라 섬으로 이주하여 『1984』를 집필하기 시작하였다. 1947년 말에 탈고했지만 폐결핵이 악화돼 한동안 요양해야 했다. 1948년 11월에 최종 탈고한 블레어는 48을 뒤집어 『1984』라고 제목을 붙였다.

『1984』는 권력 집중이 자기목적화自己目的化한 당黨에 의한 대중(프롤레타리아 계급) 지배, 지배 수단으로서 항상적恒常的인 전쟁 상태의 유지, 거의 신격화한 지도자 빅 브러더에 대한 숭배, 개인 생활의 감시, 사상 통제를 목적으로 한 언어의 간략화, 당의 무류성無謬性을 증명하기 위한 역사의 개서改書 등 모든 지배 기구가 내포하는 위험성을 미래 소설의 형태로 제시하였다.

공산주의와 나치즘의 제도에서 소재를 인용한 이 작품은 때마침 냉전冷戰 분위기를 타, 출판 후 1년 사이에 영국과 미국에서만 약 40만 부가 팔렸으며, 세계 각국에서 잇달아 번역, 출판되었다.

반공反共 작품이라고 말할 수도 있으나, 한편으로는 체제를 불문하고 당시의 사회 및 그 연장으로서의 현대사회가 안고 있는 전체주의적 정신 풍토를 경고한 작품으로 평가 받고 있다.

그 밖의 저서로는 『버마의 나날』『목사의 딸』『엽란을 날려라』『위건 부두로 가는 길』『카탈로니아 찬가』『영국 사람들』 등이 있다.

에릭 블레어는 1950년 오랫동안 앓아 온 결핵으로 세상을 떠났다.

1984년 6월 8일

일본 법원, 지문날인을 거부한 한국인과 미국인에게 유죄판결을 내리다

1952년 일본에서는 「외국인등록법」이 공포 · 시행되었다.

이 법은 1년 이상 체류하는 16세 이상의 외국인에게 외국인등록증을 휴대케 하고, 이를 5년마다 교체토록 하며 이를 거부할 경우에는 1년 이상의 징역이나 금고, 또는 20만 엔 이하의 벌금을 부과한다는 내용을 담고 있었다. 이 법을 근거로 일본에 거주하는 외국인에게 지문 날인이 실시되었다.

1984년 6월 8일, 동경 지방법원이 「외국인등록법」이 정한 지문 날인을 거부한 한국인과 미국인에게 유죄판결을 내렸다. 요코하마 지방법원도 6월 14일 지문날인을 거부한 미국 국적의 대학 강사에 벌금 1만 엔의 유죄판결을 선고하였다.

본인의 의사와 상관없이 지문을 날인하는 것은 개인의 존엄을 인정한 일본 「헌법」 13조에 위배되며, 범죄 용의자처럼 지문을 채취하는 것은 국제인권규약에도 반하는 것이라고 지문 날인을 거부하는 사람들은 주장해 왔으나 결국 기각되었다.

그렇지만 일본 정부는 국제사회의 여론을 의식해 결국 2000년 4월부터 외국인에 대한 강제 지문 날인 제도를 폐지하였다.

2003년 6월 8일

고대 이집트의 네페르티티 왕비 미라 발견

영국의 고고학자들이 고대 이집트의 최고 미인 가운데 한 명이자 파라오에 버금가는 절대 권력을 휘둘렀던 전설적 왕비 네페르티티(Nefertiti : B.C. 1370?~B.C. 1330?)의 미라를 찾았다.

2003년 6월 8일에 발행된『더 타임스The Times』일요판에 따르면 요크 대학교 고고학 연구진은 12년간의 조사 끝에 이집트 왕가 계곡의 무덤에서 심하게 훼손된 상태로 발견됐던 미라가 투탕카멘(Tutankhamen : B.C. 1370~B.C. 1352?) 왕의 양어머니이자 고대 이집트에서 가장 강력한 권력을 누렸던 여성인 네페르티티 왕비일 가능성이 매우 높다는 결론을 내렸다고 발표했다.

연구진은 가발 조각들과 뼈의 형태 등을 면밀히 분석한 결과, 왕이나 왕비의 미라를 만들 때만 사용하는 방식으로 팔이 꺾인 사실을 확인해 이 같은 결론에 도달했다.

'미인이 왔다'라는 뜻의 이름을 지닌 네페르티티 왕비의 흉상은 남편 아크나톤(Akhnaton : ?~?) 왕의 재위 기간(B.C. 1379~B.C. 1362)에 이집트의 수도였던 아마르나에서 발견되었다. 발견된 흉상은 긴 목과 높은 광대뼈, 날렵한 콧날을 가져 현대적 기준으로도 손색없는 미인상으로 평가 받았다.

네페르티티 왕비는 아크나톤 왕과 거의 동등한 권력을 행사했으며 아크나톤 왕이 죽은 후 약 3년간은 직접 국가를 통치하였다.

1990년 6월 8일

남아프리카 공화국, 비상사태 해제

남아프리카 공화국의 빌렘 보타(Pieter Willem Botha : 1916~2006) 대통령은 1986년 6월 흑 · 백인 간, 그리고 흑인 상호간의 정치적 분규를 빚은 반反아파르트헤이트 봉기를 진압하기 위해 비상사태를 선포하였다.

그리고 그로부터 4년 뒤인 1990년 6월 8일 드 클레르크(Frederik Willem de Klerk : 1936~) 대통령은 의회 연설을 통해 비상사태의 해제를 선언하였다. 또한 아프리카 민족 회의와의ANC 합의에 따라 48명의 정치범도 석방한다고 밝혔다.

드 클레르크는 비상사태 해제 결정으로 아파르트헤이트 종식을 위한 협상의 주요 걸림돌이 제거됐다고 자평했으며, 남아프리카 공화국 인권 운동가인 넬슨 만델라(Nelson Mandela : 1918~)는 비상사태의 해제가 '민중의 승리'라고 환영하였다.

다만 흑인 분파 사이의 정쟁으로 1,000여 명이 목숨을 잃은 나탈 주의 크와줄루 홈랜드 지역은 해제가 제외되었다.

1968년 6월 8일

미국의 흑인 민권운동가
마틴 루터 킹 암살범 체포

미국의 흑인 민권운동가 마틴 루터 킹(Martin Luther King : 1929~1968) 암살 용의자인 제임스 얼 레이(James Earl Ray : 1928~1998)가 1968년 6월 8일 영국 런던의 히스로 공항에서 체포되었다.

레이는 주유소와 상점을 터는 좀도둑으로 일리노이에서 1번, 미주리에서 2번 복역했으며, 로스앤젤레스에서 집행유예 판결을 받은 적이 있었다.

1967년 4월 23일 미주리 주립교도소를 탈옥한 뒤, 1968년 4월 4일 테네시 주 멤피스에서 킹 목사가 묵고 있던 모텔 옆 민박집 창문을 통해 모텔 방에 있는 킹을 쏘았다.

그는 체포된 뒤 자신의 유죄를 시인했다가 3일 만에 번복하였다. 하지만 레이는 99년형을 선고받았다. 그리고 1977년 테네시에 있는 브러시마운틴 교도소에서 탈옥해 다시 주목을 받았다.

레이는 복역 중인 1998년 4월 23일 사망하였다.

* 1968년 4월 4일 '미국 흑인 인권 운동가 마틴 루터 킹 목사가 피살되다'
  참조

6월의
모든 역사

6월 9일

■
·
■

1928년 6월 9일

중국 고대의 은허 유적을 발굴하다

사냥꾼이 말했다.

"지나가는 새는 모두 내 그물에 걸려라."

이를 가엾게 여긴 은의 탕왕이 말했다.

"천지사방의 새는 모두 날아가거라. 명령을 어기는 놈만이 내 그물
에 걸려라."

제후들이 말했다.

"탕왕의 덕은 이미 짐승에까지 미치었구나!"

-사마천, 『사기』

청나라 말기 북경의 한약방에서는 말라리아 열병에 걸린 환자를 위해 '용골龍骨'이라는 약을 팔고 있었다. 용골은 거북이의 등껍질이나 소 뼈를 원료로 하여 만든 것으로, 용골을 절구에 빻아 가루로 만들어 마시면 몸에 좋다는 소문이 있었다. 그때 당시 중국에서 가장 유명한 금석학자 가운데 한 사람인 왕의영(王懿榮 : 1845~1900)도 열병에 걸려 용골을 구해 놓고 있었다.

1899년 어느 날, 왕의영의 제자인 유철운(劉鐵雲 : 1857~1909)이 스승의 약재를 보다가 크게 눈을 뜨며 말하였다. "선생님, 이것은 아무래도 글자처럼 생겼는데요." 뼈에 글자가 있다는 말에 스승은 못 믿겠다는 표정으로 제자가 건네준 용골을 유심히 살펴보았다. 하지만 그에게도 분명히 조잡하게 보이는 글자가 보였다. 더구나 왕의영은 돌이나 쇠붙이에 새겨진 글자를 연구하는 금석문의 대가였다.

스승은 유철운에게 빨리 가서 이것이 어떻게 한약방까지 왔는지 알아보라고 하였다. 유철운은 즉시 약방을 뒤지기 시작하였다. 그는 문자가 비교적 뚜렷한 용골을 보는 즉시 닥치는 대로 사서 모았다. 사마천(司馬遷 : B.C. 145?~B.C. 86?)이 쓴 역사서 『사기』에만 기록되어 있고 실체가 없었던, 그래서 전설로만 여겨졌던 3000년 전의 은殷 왕조가 사실로 드러나는 순간이었다.

이후 뤄전위(羅振玉 : 1866~1940), 왕궈웨이(王國維 : 1877~1927) 등에 의해 갑골문자는 점을 치기 위한 방법임이 밝혀졌다. 1928년 6월 9일에는 갑골이 나온 은 왕조의 도읍지인 허난 성河南省 안양현安陽縣 샤오툰 촌小屯 부락의 발굴이 시작되었다.

계사癸巳에 정인貞人이 '다가올 10일간旬에 재앙이 없을까.'하며 점을 쳤다.

뼈를 불에 그을려 본 후 왕이 말하였다. '재난이 있을 것이다. 그때 외적의
침입이 있을 것이다.' 과연 5일째인 정유丁酉 날에 이르러 외적의 침입이
서방으로부터 있었다.

갑골에 새겨진 문자를 해석한 내용이다. 한자의 가장 오래된 모습으
로 은나라 시대에 새겨진 갑골문자에는 제사·군사·천문·농경에 관
한 내용이 있었다. 또한 임금의 행적과 안부에 대한 내용도 실려 있었
다.

은허의 발굴로 은의 실제 모습이 구체적으로 드러났다. 은나라는 스
스로 부르기를 상商이라고 하였으나 이 나라를 멸망시킨 주周나라가 은
殷이라고 말한 것이었다.

지금까지 발견된 10만 개의 갑골문을 살펴보면 은나라의 왕은 문자
를 다루었으며 갑골을 이용해서 점을 치는 정인貞人의 보좌를 받았다.
또한 조상신에 대한 제사를 주관하였다. 은의 귀족들은 말이 끄는 전차
를 타고 나가 싸우기도 하고 사냥도 즐겼다. 그리고 농민들은 경작을
하면서 왕과 귀족에게 경작물을 바쳤다.

은허 유적에서는 갑골문자 외에 청동기와 옥기玉器가 나왔으며, 흙을
쌓아 올리고 초석을 놓아 궁전을 만든 유적도 발견되었다.

그리고 근처에서 은 왕조의 왕묘로 보이는 거대한 묘가 발견되었는
데, 여기에는 정교한 청동기와 함께 사람과 동물을 희생물로 만든 순
장의 모습도 보였다.

—

68년 6월 9일

로마 폭군 황제 네로 자살

—

"이로써 한 예술가가 죽는구나."

-네로

로마 역사상 가장 폭군이라 불리는 네로(Nero Claudius Caesar Augustus Germanicus : 37~68)는 37년 로마 4대 황제 클라우디우스(Claudius : B.C. 10~A.D.54)의 후처 아그리피나(Agrippina : 15~59)와 그녀의 전 남편인 가이우스 도미티누스 아헤노바르부스 사이에서 태어났다.

네로의 어머니 아그리피나는 황제의 부인이기도 했지만 자신의 아들 네로를 황제로 만들려는 야심가였다.

결국 네로는 16세라는 어린 나이에 로마의 제5대 황제로 즉위하였다. 황제가 된 네로는 처음에는 철학자 세네카(Lucius Annaeus Seneca : B.C. 4~A.D. 65)의 도움으로 정치를 잘 해 나갔다. 하지만 58년부터 방종해지기 시작하면서 59년에는 정권 투쟁을 빌미로 어머니를 살해하였다. 또한 세네카가 은퇴한 후에는 황후 옥타비아(Octavia : 42?~62)도 살해하였다. 이후 네로는 점점 권위적이고 포악한 모습을 보였다.

특히 64년 7월 로마에 화재가 났을 때 네로는 그리스도교도에게 책임을 물어 그들을 학살하였다. 로마 대화재는 아직도 누가 불을 일으켰는지 밝혀지지 않았다.

65년에 네로는 원로원 의원 피소가 자신을 암살하려는 음모를 알아차리고 그를 처형하였다. 이후 그는 반역 혐의자뿐 아니라 황제를 조롱

했다거나 예의를 갖추지 않았다거나 하는 사람들까지 처형장으로 끌고 갔다. 게다가 로마에 전염병까지 돌아서 수천 명이 죽었다.

결국 68년 갈리아에서 빈덱스가 반란을 일으키고, 에스파냐 총독인 갈바를 황제로 추대하고 나섰다. 반란군이 거침없이 로마로 진격하고 있다는 소식에 네로는 갈팡질팡하였다. 이어 원로원마저 네로를 모든 국민의 적이라고 발표하였다. 민심은 황제를 외면해 버렸다.

원로원과 친위대마저 그를 버리자, 네로는 로마 교외의 별장으로 피신하였다. 그러나 네로는 잡혀서 갖은 고문 끝에 죽느니 자살을 선택하였다. 68년 6월 9일, 그의 나이 31세 때의 일이었다.

—

1898년 6월 9일

영국, 제2차 베이징 조약 체결로 홍콩 통치

—

1841년에 청나라와 영국 사이에 아편전쟁이 일어났을 때 영국은 홍콩 섬을 점령하였다. 이어 1842년 양국 간에 맺어진 난징 조약南京條約으로 영국은 홍콩 섬을 영구적으로 넘겨받게 되었다.

그리고 1898년 6월 9일 제2차 베이징 조약으로 영국은 1999년까지 홍콩을 조차租借할 수 있게 되었다.

제2차 세계 대전 중에 잠시 일본군이 홍콩을 점령하였으나 1946년부터는 다시 영국의 식민지가 되었다.

그 후 1984년에 중국과 영국은 1997년에 홍콩의 주권을 영국에서 중국으로 이전하는 것에 동의하는 조약에 서명하였다. 이 조약에는 홍콩이 50년 동안 법과 자치권을 유지하는 특별 행정 구역으로 수행될 것이라고 명시되었다.

그래서 1997년 7월 1일 자정을 기점으로 홍콩 주권은 중국으로 이양되었으며, 정식 명칭은 중국 홍콩 특별행정구로 불리고 있다.

—

1762년 6월 9일

프랑스, 루소의 『에밀』을 압수하다

—

프랑스의 계몽사상가 장 자크 루소(Jean-Jacques Rousseau : 1712~1778)는 그의 교육 철학을 담은 『에밀Emile ou De l'education』을 1762년 출간하였다.

그러나 이 책은 출간되자마자 그 종교적 내용과 관련하여 스위스의 신교와 프랑스의 구교로부터 모두 비판을 받게 되었다.

6월 9일, 파리 의회는 『에밀』을 압수하고 루소에게 체포령을 내렸다. 이에 루소는 프랑스를 탈출하여 스위스로 도피하였다. 하지만 제네바 당국도 『에밀』에 대해 유죄판결을 내리고 책을 소각하였다.

루소는 다시 영국으로 망명하였고, 『에밀』은 그가 죽은 지 4년이 지나서야 빛을 볼 수 있었다.

『에밀』은 부제목이 『교육에 대해서』이다. 이 책에는 주입식으로 이루어지는 교육 방법에 반대하고 전인교육을 중시하는 루소의 사상이 들어 있다.

6월의
모든 역사

6월 10일

■
·
■

1940년 6월 10일

노르웨이, 독일에 항복하다

독일어로 '베저 강 훈련'을 뜻하는 베저위붕 작전Unternehmen Weserübung 또는 베저 작전은 나치 독일이 제2차 세계 대전 중, 스칸디나비아 의 중립국 덴마크와 노르웨이를 침공한 작전의 암호명이다.

 1940년 4월 9일 새벽, 독일은 덴마크와 노르웨이를 침공하였다. 그 구실은 프랑스와 영국이 이들 국가를 점령하려 계획하는 데 대한 자기 방어였다. 덴마크와 노르웨이 주재 독일 대사들은 양국 정부에 독일군이 영국과 프랑스의 침략 야욕으로부터 양국의 중립을 보호하기 위해 왔다고 통보하였다.

 덴마크와 노르웨이는 지리, 위치, 기후가 크게 차이가 나기 때문에 양국의 침공도 다르게 전개되었다.

 덴마크는 노르웨이에 대한 작전을 수행하기 위한 징검다리였다. 또한 독일과 국경을 맞대고 있어 얼마만큼의 관리가 필요했을 뿐 독일의 입장에서 볼 때 전략적으로 그리 중요한 곳은 아니었다. 그럼에도 덴마크군 몇몇 연대가 독일군에게 저항을 하여 10명 정도가 목숨을 잃었다.

 그러나 덴마크 정부는 내정에 간섭받지 않는다는 조건으로 곧 항복하였다. 사실 독일 대사가 덴마크 정부를 찾아와 독일군의 진주를 허락하라고 요구하기도 전에 이미 독일군은 국경을 넘은 상태였다.

 하지만 덴마크가 별다른 저항 없이 순순히 항복한 관계로, 1943년 여름까지 독일은 점령국 덴마크에 대해 매우 관대하였다. 그리하여 덴마크의 유대인들에 대한 체포와 추방도 지연이 되어 그들은 거의 모두 스웨덴으로 탈출하는 데 성공하였다. 덴마크에서 추방된 유대인의 수는 500명을 넘지 않았고 50명 미만이 목숨을 잃었다. 하지만 당시 덴마크 국왕은 매일 국왕의 정복을 입고 수도 코펜하겐을 산책하면서 침묵으로 항의하였다.

 한편 1940년 4월 9일 노르웨이 오슬로 피오르에서는 독일의 순양 전함 블뤼허호가 노르웨이 구식 해안포에 맞고 격침되는 사건이 발생하였다. 이에 독일군은 오슬로와 크리스티안산Kristiansand, 스타방에르Stavanger

의 비행장을 점거하고 공중 수송된 부대를 대량으로 투입하였다.

하지만 국왕 하콘 7세(Haakon VII : 1872~1957)와 노르웨이 정부는 독일에게 항복을 거부하고 침공군을 피하여 북쪽으로 움직였다. 이어 미트스코겐에서 전투를 벌였으나 역부족이었다. 뉘베르그순마저 폭격을 당하자 왕실과 정부는 영국과 미국으로 대피하여 국외에서 계속 노르웨이 대표를 자처하였다. 이런 혼란을 틈타 비드쿤 크비슬링(Vidkun Abraham Lauritz Jonssøn Quisling : 1887~1945)은 세계 최초로 라디오 뉴스 시간에 쿠데타를 선언하였다.

또다시 독일군은 베르겐, 스타방에르, 에게르순, 크리스티안산, 아렌달, 호르텐, 트론헤임, 나르비크 등의 도시 및 마을을 침공, 점령하였다. 온달스네스, 몰데, 크리스티안순, 스테인셰르, 남소스, 보되 등도 폭격으로 대규모 피해를 당하였다.

독일군 주력부대는 성능 좋은 장비에 힘입어 오슬로에서 북으로 계속 진격하였다. 이에 반해 구식 장비로 무장한 노르웨이군, 영국군, 프랑스군의 일부가 침략군을 잠시 저지하였지만 결국 그들을 막는 데에는 실패하였다.

또한 노르웨이군과 영국·프랑스·폴란드로 이루어진 연합군은 나르비크 육지 전투에서 일시적인 성공을 거두는 듯싶었으나 후에 철수할 수밖에 없었다.

노르웨이군은 헤그라 요새에서 배수진을 치고 6월 5일까지 독일 침략군에 대한 저항을 계속하였다. 하지만 호콘 7세, 올라브 왕세자, 의회 의원들이 북쪽 항구 도시 트롬쇠를 통해 6월 7일 노르웨이를 탈출하였고, 왕세자비와 자녀들은 후에 핀란드 펫사모를 통해 미국으로 도피하였다.

결국 1940년 6월 10일, 노르웨이는 독일에 침공당한 지 2개월 만에 항복을 선언하였다.

이로써 독일은 노르웨이와 덴마크의 해협, 발트 해 연안의 대부분을 차지하였고 중립국이었던 스웨덴을 특별한 공격 없이 북과 서와 남으로부터 에워쌀 수 있었다.

1943년 6월 10일

신문기자 비로, 볼펜 발명

"잉크도 오래 쓸 수 있고 종이도 잘 찢어지지 않는 펜이 있으면 좋겠는데……." 비로는 마침 형제 중에 화학자인 게오르그가 생각났다.

헝가리 출신의 라디즐로 비로는 매일 많은 글을 써야 하는 신문기자였다. 만년필을 쓰기는 했지만 잉크는 얼마 안 되어 말라 버렸고, 날카로운 펜촉은 질 나쁜 종이를 찢어 버렸다. 비로는 새로운 필기구를 생각해 보았다. '그래! 기다란 대롱에 잉크를 넣고 밑에 작은 공을 붙이면 될 거야.'

하지만 잉크가 문제였다. 만년필에 넣는 잉크를 대롱에 넣으면 바로 원고지가 젖어 버렸던 것이다. 라디즐로는 동생이자 화학자인 게오르그를 찾아갔다.

"끈끈한 잉크를 만들 수 없을까?"라는 고민을 하던 형제는 드디어 점액성분이 강한 잉크와 펜촉에 볼베어링을 단 볼펜을 만들어 1938년에 특허를 받았다.

하지만 제2차 세계 대전이 발생하자 아무도 그것에 대해 주목하지 않았다. 비로 형제는 아르헨티나로 망명하여 더욱 좋아진 볼펜을 만들었고 1943년 6월 10일에 다시 특허를 받아 세상에 내놓았다.

반응은 폭발적이었다. 특히 첫 고객인 영국 공군은 높은 고도나 불시착 같은 극한 상황에서도 잉크가 새지도 마르지도 않는 볼펜을 극찬하였다.

하지만 볼펜으로 대박을 터트린 사람은 미국의 레이놀즈였다. 그는 아르헨티나 부에노스아이레스를 여행 중 볼펜을 발견하고, 이를 베껴서 1945년 10월 말 뉴욕에서 발매하였다. 볼펜은 불티나게 팔려나가 레이놀즈는 수백만 달러를 벌어들였다.

이후 볼펜을 둘러싸고 치열한 경쟁과 특허권 소송이 뒤따랐다. 경쟁의 최종 승자는 프랑스인 마르셀 비크가 1945년 설립한 빅BIC사였다. 파커의 볼펜 사업까지 인수한 빅은 단순한 디자인을 무기로 전 세계 시장을 휩쓸었다.

한편 아르헨티나에서는 9월 29일을 '발명의 날'로 선정해 볼펜의 발명자 라디즐로 비로의 업적을 기리고 있다. 9월 29일은 바로 비로가 태어난 날이다. 남미 국가들과 영국에서는 볼펜을 '비로'라고 부른다.

1943년 6월 10일

코민테른 해산

인터내셔널International은 사회주의 계열의 근로자 및 단체의 국제적 조직을 뜻하며, 제1인터내셔널, 제2인터내셔널, 제3인터내셔널, 제4인터

내셔널 등이 있었다.

특히 제3인터내셔널은 공산주의 인터내셔널Communist International을 말하는 것으로 코민테른Comintern이라고도 한다.

제1차 세계 대전으로 제2인터내셔널이 와해된 후 러시아의 레닌(Vladimir Il'ich Lenin : 1870~1924)의 지도하에 각국 노동운동 내의 좌파가 모여 1919년 모스크바에서 코민테른 창립식을 가졌다.

코민테른은 마르크스-레닌주의를 사상적 기초로 중앙집권적 조직을 가지며 각국 공산당에 그 지부를 두고 있었다. 프롤레타리아 독재를 통한 사회주의의 달성이라는 노선에 입각하고 있다는 점에서 제2인터내셔널과 구별되었다.

코민테른은 제1 · 2차 세계 대전 사이에 공산주의자들의 투쟁을 촉진시키며 7회까지 대회를 가졌으나, 이오시프 스탈린(Iosif Vissarionovich Stalin : 1879~1953)에 의해 다수의 지도자들이 숙청된 후 1943년 6월 10일 해산되었다.

하지만 1995년 11월 불가리아의 소피아에서 프랑스 · 독일 · 브라질 · 인도 등 29개국이 참여한 가운데 재창설되었다.

―

2003년 6월 10일

미 항공 우주국, 화성 탐사선 스피릿 로버 발사

―

미국 항공 우주국NASA은 화성 탐사 실행을 위해 화성 탐사 로버 계획을 세웠다. 그리고 2003년 6월 10일 첫 번째로 화성 탐사선 스피릿 로버Spirit rover를 발사하여, 이듬해인 2004년 1월 4일 화성에 착륙시켰다.

이로써 스피릿 로버는 소저너호에 이어서 두 번째로 화성 탐사에 성공한 로버 탐사선이 되었다. 한편 쌍둥이 오퍼튜니티 로버는 3주 뒤에 화성 반대쪽에 착륙하였다.

그러나 2009년 5월 1일 탐사기가 부드러운 흙에 빠진 이후로 몇 달간 빠져나오지 못하는 불상사가 발생하기도 하였다.

스피릿은 2010년 화성의 겨울을 지내기 위해 동면에 들어갔다가 통신이 두절되었다. 1월 26일 NASA는 스피릿의 임무를 '정지 연구'로 전환하였다. 하지만 이후에도 1년 동안 수차례 교신을 시도하였으나 응답이 돌아오지 않았다.

결국 2011년 5월 24일 NASA는 화성 탐사 로버 스피릿과의 교신 시도를 중단함으로써 임무를 종료하였다.

스피릿 로버는 초기에는 90일 동안 활동할 계획이었지만, 화성 착륙 후 2269일 동안이나 활동하였다.

6월의
모든 역사

6월 11일

■
∙
■

1898년 6월 11일

청 황제 광서제, 무술변법을 발표하다

이제부터는 변법을 국시로 한다 …… 제도국을 설치하여 불필요한
관제를 정리할 것이며 …… 유신을 수행할 인재를 등용할 것이다.

-광서제,「명정국시」

1860년대 청나라는 서구 열강의 침략과 국내적 위기로 어수선한 상태였다. 특히 1839년 영국과 벌인 아편전쟁에서 패배한 이후 열강의 침략은 노골화되었고, 국내적으로는 1851년 태평천국 운동이 일어나 정치 변동들이 급격하게 일어나고 있었다.

그리고 1856년 10월에는 광저우 앞 주강珠江에 정박하고 있던 영국 해적선 애로호에 청나라 관리가 올라가, 승무원 전원을 체포하고 영국 국기를 바다에 던지는 사건이 일어났다. 이른바 애로호 사건이었다.

청이 이 사건 해결을 위해 영국과 협상하던 중 프랑스 선교사 살해 사건이 일어나 이 또한 수습해야 하는 상황이 되었다.

결국 이를 빌미로 영국과 프랑스는 연합군을 결성하여, 1857년 12월 광저우를 점령하였다. 그리고 본격적인 제2차 아편 전쟁을 벌여 1858년에 톈진天津 조약, 1859년 베이징 조약을 맺어 청의 반식민지화를 고착시켰다.

이에 학자이자 정치가인 캉유웨이(康有爲 : 1858~1927)와 량치차오(梁啓超 : 1873~1929) 등은 서양 세력에 맞서고 부국강병을 실현하기 위하여 전통적 제도를 전면적으로 개혁하는 혁신 운동을 일으키고자 하였다.

캉유웨이(康有爲 : 1858~1927)는 1858년 3월 19일 광동성 남해현에서 태어났다. 그의 집안은 대대로 고위관리를 배출한 명문가였다. 캉유웨이의 아버지는 현령이었다. 그는 5세 때 한시 수백 수를 외우고, 6세에는 『논어』 『대학』 등 경전 공부를 해서 신동으로 알려졌다.

하지만 청의 혼란한 상황을 보며 캉유에이는 과거를 목표로 하는 틀에 박힌 공부가 갈수록 시간 낭비처럼 여겨졌다. 25세 때 본 과거에서 낙방하자, 아예 과거에 미련을 버리고 마음이 가는 대로 공부하기로 마음을 굳혔다. 그러면서 유학만이 아니라 불교와 도교, 서양 학문까지 두루 공부하게 되었다.

1884년 그의 나이 27세 때 "학문이란 나라와 백성을 위한 학문이어야 한다.""이 나라에는 개혁이 필요하다."고 절실히 느끼게 되었고, 가까이서 벌어진 청불전쟁의 참상을 지켜보며, "왜 이토록 많은 사람이 고통을 당해야 하는가?"라는 의문을 곱씹게 되었다. 그러고는 그때까지 배운 지식을 총동원해 『대동서大同書』를 썼다.

그리고 정부에 상소를 올려 개혁을 촉구하는 한편, 광주에 만목학당이라는 학교를 세워 자신의 변법론을 가르치기 시작했다. 이때 자신과 함께 변법 운동을 추진하게 되는 양계초, 맥맹화, 진천추, 서근 등을 만났다.

캉유웨이는 불교와 서양 학문을 접한 후로 전통적인 유교의 가르침에 많은 회의를 품었다. 그러나 유교에서 완전히 벗어나지는 않았는데, 이미 중국의 문화와 정신에 뿌리를 깊이 내린 유교를 정면으로 부정하기보다는 '그 본래의 정신을 물음으로써 새로운 제도를 가능하게 하는' '탁고개제託古改制'가 적절하다고 보았기 때문이었다.

그래서 캉유웨이는 경전 해석이 경직되어 있던 고증학이나 주자학 대신에 경전의 숨은 뜻을 비교적 자유롭게 해석하는 것이 특징인 공양학을 주장하였다. 캉유웨이가 보기에는 공자 자신도 탁고개제의 사상가였다. 주나라의 사상과 전통을 그대로 받드는 듯하면서 실제로는 당시의 현실을 개선하기 위한 공자 스스로의 사상을 내세웠다는 것이다.

이처럼 개혁 지향적이면서 전통에의 존중을 잊지 않는 이중적 성향은 변법 운동에도 그대로 반영되었다.

그리고 자신들의 뜻을 황제 광서제(光緒帝 : 1871~1908)에게 전했다.

이에 광서제도 그들의 뜻을 이해하고 1898년 6월 11일 「명정국시明定國
是」의 조서를 반포하여 무술변법(戊戌變法 : 변법 자강 운동)을 전개하였
다. 변법의 핵심은 전통 문화를 중심으로 서양의 근대 기술과 문화를
받아들여 부국강병을 하자는 것이었다.

캉유웨이는 다양한 분야에서 전면적인 개혁을 주장하였다. 즉 중앙
관제를 대폭 축소하고, 자리만 채우고 있는 관료들을 정리하며, 행정절
차를 간소화하는 등의 행정 개혁을 포함하였다. 또한 신학문을 배우는
신학교를 수립하고 그 졸업생에게 과거 합격증을 줌으로써 과거제를
사실상 폐지한다는 것도 있었다.

그리고 역서국을 통해 서양 서적을 번역해 널리 보급하는 등의 교육
개혁을 담고 있었으며, 무과를 폐지하고 근대식 군대 체제를 수립하는
군사 개혁도 들어 있었다. 이어 상공업을 진흥하며 철도 부설, 화폐 통
일, 조선소 설립 등을 추진하는 산업 개혁 등이 변법 개혁안에 포함되
어 있었다. 이외에도 여성의 전족을 금지하고 한족과 만주족의 차별을
없애며 새 수도를 건설하는 등의 개혁안도 포함되어 있었다.

사실 변법 개혁에는 일본의 메이저 유신을 본떠서 의회를 설치하고
황제의 전제권을 없애 입헌군주제를 실시하는 개혁도 들어 있었는데,
당시로서는 너무 급진적이라 여겨졌는지 구체화되지는 않았다. 또한
사실상 과거를 폐지하고 서양식 교육 체제로 전환하면서도 과거라는
이름만은 남겨 보수파들의 반발을 무마하려 하였다.

그렇지만 이것만으로도 보수 · 수구 세력의 반발 이유는 충분하였다.
특히 행정 개혁은 '철밥통'을 잃게 생긴 관료 사회 전반에 개혁에 대한
불신과 저항을 불러왔다. 변법파들의 변법은 또한 민중들에게도 지지
를 이끌어내지 못했다.

결국 서태후(西太后 : 1835~1908)가 중심이 된 수구파가 쿠데타를 일
으켰고 개혁은 9월 21일에 끝나게 되었다.

1993년 6월 11일

영화 「쥬라기 공원」, 뉴욕에서 개봉

한 구역을 파괴한다는 뜻의 블록버스터block buster는 영국 공군이 사용한
4,5t짜리 폭탄을 말한다. 영화에서는 대흥행을 목적으로 막대한 자본을 들
여 제작한 영화를 말한다.

1993년 6월 11일 미국의 영화감독 스티븐 스필버그(Steven Spielberg :
1946~)가 연출한 블록버스터 영화 「쥬라기 공원」이 뉴욕에서 개봉되었
다. 이 영화는 개봉한 이후 6개월 만에 무려 8억 달러라는 엄청난 수입
을 올렸으며, 1993년을 공룡의 해로 만들 정도로 대단한 흥행작이었다.

1990년대 천부적인 재능을 드러낸 마이클 클라이튼(John Michael
Crichton : 1942~2008)의 소설 『쥬라기 공원』을 바탕으로 만들어졌으며,
생물 유전자 조직으로 환생시킨 공룡에 의해 인간이 곤욕을 치르는 과
정을 통해 현대 문명사회의 허점을 꼬집고 있다. 특히 화석화된 공룡을
컴퓨터 그래픽으로 재현해 낸 것이 영화사에 또 하나의 신기원으로 기
록되고 있다.

한편 블록버스터의 원조는 스필버그 감독 연출로 1975년에 제작된
「조스」이다. 이 영화는 미국 영화 사상 최초로 흥행 수입 1억 달러를 벌
어들였다. 그리고 조지 루카스(George Lucas : 1944~) 감독의 「스타워

즈」가 그 뒤를 따랐다.

1971년 6월 11일

리비아, 대만과 단교하고 중국 승인

1971년부터 중국은 본격적으로 세계무대에 모습을 드러냈다. 중국의 첫 관문은 대표권 분쟁을 둘러싼 대만과의 외교 경쟁에서 우위에 서는 일이었다.

미국은 여전히 대만을 지지했지만, 실리적으로는 소련을 견제하기 위해 중국과의 관계 개선을 타진하고 있었다. 4월에는 탁구 선수단을 중국에 보내 이른바 '핑퐁 외교'의 물꼬를 터뜨렸고, 6월에는 대對중국 금수조치 해제를 단행, 화해 제스처를 내비쳤다.

이 와중에 6월 11일, 리비아 대통령 무아마르 카다피(Muammar Gaddafi : 1942~2011)가 대만과의 관계를 청산하고 중국을 승인한다고 발표함으로써 대만 63개국, 중국 62개국이었던 수교국가 수數가 하루 만에 역전되었다.

중국은 여세를 몰아 국제연합UN 가입을 추진했다. 10월 25일, 제26차 UN 총회에서 중국의 UN 가입과 대만의 UN 축출을 명시한 이른바 '알바니아안案'이 찬성 76, 반대 35, 기권 17이라는 압도적인 표차로 가결되었다. 이로써 중국은 건국 22년 만에 세계무대의 주역으로 등장하였다.

* 1971년 4월 10일 '미국 탁구팀, 중국 베이징 방문' 참조

6월의
모든 역사

6월 12일

■
·
·
■

756년 6월 12일

당나라 현종, 안녹산의 난으로 피신하다

"성격이 지혜롭고 용기가 있으며 재능이 많았다. 특히 음률音律에
능통하고 팔분八分의 서예에 뛰어났다. 의범이 빼어나고 그 자태가
비상하였다."

역사서에 전하는 당 현종의 모습이다.

　당 현종(玄宗 : 685~762) 이융기는 당의 번영과 몰락을 이끈 인물이다. 당나라와 황실을 좌우하던 측천무후(則天武后 : 624~705)가 죽은 후 이어진 여인시대를 끝맺고 당을 다시 일으켰지만, 양귀비라는 여인에 빠져 나라를 안녹산의 난으로 몰아버렸다.

　당 현종의 시대는 그의 연호에 따라 개원(開元 : 713~741) 시기와 천보(天寶 : 742~756) 시기로 나눌 수 있다. 개원 시기는 '개원의 치治'라고 하여 당 태종의 '정관貞觀의 치'와 비교된다. 이때는 현종이 정치를 잘하여 백성들이 편안했으며 큰 외세의 침략이 없고 평화로운 시기였다.

　황제가 된 현종은 의욕적으로 정치를 해 나갔으며, 요숭 · 송경 · 장구령 같은 현명한 신하들을 재상으로 불러들여 측천무후 말기 이후에 벌어진 여러 가지 폐단을 바르게 하였다. 또한 좋은 인재를 선발하여 정치를 정화하였다. 관리와 승려 · 도사 들이 어울리는 것을 금지하였고, 백성들이 불경을 베끼고 불상을 만드는 것도 금지시켰다.

　군사적으로도 훌륭한 장수를 뽑아 성을 쌓고 황무지를 개간하여 국경 지역의 안정을 유지하였다. 그리고 경제적으로는 호구가 증가되고 생산력이 지속적으로 발전하여 사회 전체가 번영과 풍요의 상태를 맞이하게 되었다. 이때 당의 영역은 동으로 안동, 서로는 안서, 남으로 일남, 북으로는 안가라 강과 바이칼 호 일대에 이르게 되었다.

　하지만 황실에서 권력 투쟁이 점점 일어나고 있었고, 율령 제도가 무너지면서 국가의 기본 질서가 흔들리기 시작했다. 특히 황제의 칙사라는 특별직에 일하는 관료들이 생기기 시작하였다. 이들은 황제에게 임명을 받아 정부에서도 높은 직위를 맡았으며 세금을 걷고 군대를 장악하여 국정을 마음대로 하였다.

　742년 천보 시기에 들어서자 당의 질서는 점점 무너지기 시작했다.

연호인 '천보'라는 것 자체가 도교적 성격이 강한 것으로서, 현종이 30년 가까이 끌어온 국정에 싫증을 내고 도교에 심취한 모습을 보여 주는 것이다. 권력을 가장 앞에서 이끄는 사람이 자기 역할을 제대로 하지 못하자 재상에서부터 일반 백성들에게까지 큰 영향을 주었다.

또한 이 시기에는 커져 버린 당 제국의 모순이 겉으로 드러나기 시작했다. 당은 국가가 토지를 나누어 주는 균전제均田制를 실시하였으나 인구가 크게 증가하면서 더 나누어 줄 토지가 없게 되었다. 개원 말기부터 시작된 균전제의 붕괴는 바로 부병제府兵制로 이어지게 되었다. 균전을 받는 대가로 농민들이 군대에서 일하도록 되어 있었지만 점점 더 균전 농민을 부병으로 모으는 것이 어렵게 되었다.

결국 현종은 개원 말기에 부병제를 버리고 직업군인 제도인 모병제로 전환시켰다. 당은 광대한 영토를 수비하기 위하여 6도호부 대신 10절도사를 설치하고 용병의 모집과 훈련을 절도사에게 맡겼다. 용병제는 군사력의 강화를 가져오기는 하였으나, 이민족을 많이 기용하였기에 결국 당의 멸망을 촉진하는 계기가 되었다.

평로 · 범양 · 하동 세 지역을 책임지고 있던 돌궐족 출신의 안녹산(安祿山 : 703?~757)은 천보 3년에 현종의 부름을 받은 양귀비(楊貴妃 : 719~756)와 친하게 지냈다. 하지만 그는 755년 양귀비의 친척인 양국충(楊國忠 : ?~756)과의 권력 다툼으로 사이가 멀어지면서 반란을 일으켰다.

756년 6월 12일, 안녹산 군대가 장안長安으로 쳐들어오자 현종은 사천으로 피난하였고 양귀비는 죽음을 맞게 되었다.

* 756년 6월 14일 '당 현종의 비 양귀비가 자살하다' 참조

1942년 6월 12일

안네 프랑크, 일기장을 선물 받다

"당신과 내가 처음 만난 날의 이야기부터 시작해 볼까요?"

-안네 프랑크, 「안네의 일기」

1942년 6월 12일은 안네 프랑크의 13번째 생일이었다. 생일선물로 그녀는 빨강 · 초록 체크무늬 노트를 받았는데, 거기에 '키티'라는 이름을 붙이고 자신의 일기를 써 내려가기 시작하였다.

안네 프랑크(Anne Frank : 1929~1945)는 1929년 독일 프랑크푸르트에서 유대계 독일인으로 태어났다. 은행가였던 아버지 오토 프랑크와 어머니 메디트 사이에서 유복한 소녀로 자라던 그녀는 1933년 히틀러의 나치 정권이 들어서자, 네덜란드 암스테르담으로 거처를 옮겨야만 하였다.

하지만 7년 뒤 독일군이 네덜란드로 침공해 오면서 유대인 색출을 더욱 강화하자 1942년 프랑크 가족은 아버지가 운영하던 식료품 공장 창고로 거처를 다시 옮겨 다른 유대인 가족 4명과 은신하였다.

그곳에서 안네는 전쟁에 대한 극심한 공포와 함께 가족과의 갈등, 소년에 대한 사랑과 꿈 등을 자신의 일기장에 차곡차곡 기록으로 남겼다.

2년 남짓 계속된 안네의 일기는 1944년 8월 1일자로 갑자기 끝을 맺는다. 누군가의 밀고로 은신처가 들통 났기 때문이었다. 라디오를 통해 연합군의 노르망디 상륙작전을 들으며 품었던 희망은 물거품이 됐고, 사흘 뒤 독일 비밀경찰이 은신처에 들이닥쳐 안네와 그녀의 가족을 아우슈비츠로 끌고 갔다.

안네는 언니 마르고와 함께 이듬해 3월 베르겐벨젠 수용소로 이송되었다. 열악한 수용소 생활로 장티푸스에 걸린 자매는 결국 연합군의 승리를 기다리지 못하고 1945년 3월 숨을 거뒀다.

아버지 오토는 병이 깊었지만 다행히 그곳에서 연합군을 만나 목숨을 건질 수 있었고, 그의 회사에서 일했던 직원의 도움으로 안전하게 보관된 안네의 일기장을 넘겨 받았다.

1947년에 출간된 「안네의 일기」는 전쟁 기록이자 사춘기 소녀의 성장을 탁월하게 그려낸 전쟁문학으로 평가 받고 있다.

안네 가족의 은신처는 현재 박물관으로 사용되고 있으며, 2010년 4월에는 네덜란드 전쟁기록소에 보관되어 있던 안네의 미공개 일기와 소설·수필이 일반인에게 새로 공개되었다.

1991년 6월 12일

보리스 옐친, 러시아 대통령으로 당선

1991년 6월 12일 러시아 공화국에서는 인민들이 직접 자신의 손으로 대통령을 뽑는 직선 대통령 선거가 처음으로 실시되었다.

개표 결과, 급진 개혁 정책만이 정체된 소련 사회에 활력을 불어넣고 경제적 어려움을 극복할 수 있다고 주장해 왔던 보리스 옐친(Boris Nikolaevich Yeltsin : 1931~2007) 최고 회의 의장이 대통령으로 당선되었다.

옐친은 1985년 고르바초프(Mikhail Sergeyevich Gorbachyev : 1931~) 소

련공산당 서기장에 의해 모스크바 시市 당 제1서기와 당 정치국 후보위원으로 발탁되면서 중앙 정계에 등장하였다. 하지만 그 후 옐친은 고르바초프의 미온적인 개혁 정책을 맹렬히 비판하였다.

옐친은 대통령 당선 후 두 달 만인 8월 19일 보수강경파에 의해 쿠데타가 발생하자 즉각 반反쿠데타 세력의 선봉에 서서 60시간 만에 쿠데타를 물리쳤다.

그리고 12월 21일 발트 3국과 그루지야를 제외한 11개 공화국을 참여시켜 독립국가연합CIS을 결성하였다.

이후 옐친은 1999년 12월 31일 건강 문제와 후진 양성을 이유로 블라디미르 푸틴(Vladimir Vladimirovich Putin : 1952~) 총리를 대통령 권한대행으로 지명하고 대통령직에서 사임하였다.

2007년 4월 23일 지병인 심장질환으로 타계하였다.

—

1969년 6월 12일

제22차 국제연합 총회, 핵확산금지조약 가결

—

1969년 6월 12일 국제연합UN 총회에서 핵확산금지조약이 통과되었다. 이 조약의 주된 목적은 핵보유국이 핵무기와 핵 장비, 기술을 핵무기가 없는 나라에 넘겨주는 것과 핵무기가 없는 나라에서의 핵무기 개발을 금지시키는 것이었다.

하지만 이 조약은 통과되기까지 그리고 그 후에도 많은 문제가 있었고 끊임없는 분쟁을 낳고 있다. 즉 국가 간의 형평성 문제가 제기된 것이었다.

비핵보유국은 "핵을 평화적으로도 이용할 수 없다. 핵보유국(미·중·러·프·영)의 핵군축 의무가 없다. 핵사찰로 비핵보유국이 자주권을 침해당한다. 비핵보유국의 국가 안전 보장에 문제가 생긴다."는 것을 비판하였다.

그럼에도 압도적인 표 차로 이 조약이 통과된 것은 강대국의 힘의 논리가 비핵보유국을 누른 결과라고 할 수 있다.

—

1898년 6월 12일

아기날도, 필리핀 독립을 선언

—

1521년 3월 15일 스페인 탐험가 페르디난드 마젤란(Ferdinand Magellan : 1480~ 1521)이 필리핀을 발견하였다. 이를 통해 필리핀은 서양 세계에 알려졌으며, 이후 필리핀은 스페인의 식민지가 되었다.

19세기 들어 필리핀에서는 사상가인 호세 리살(José Rizal : 1861~1896)을 중심으로 독립 운동이 일어났다. 그리고 1898년 6월 12일 독립 운동의 지도자 에밀리오 아기날도(Emilio Aguinaldo : 1869~1964)는 "강력하고도 자비로운 미국의 보호 하에 필리핀은 자유 독립국이 되어야 할 권리가 있다"고 선언하였다.

이 주창으로 스페인은 미국과의 전쟁에서 패하자 필리핀을 양도하였다. 하지만 이것은 독립이 아니라 지배자가 스페인에서 미국으로 바뀐 것뿐이었다.

이후 필리핀의 정치 및 행정 체계는 미국의 지배하에 급속한 변화를 맞이하게 되었다. 영어를 널리 사용하도록 교육 체계를 개선하고 전국에 영어로 수업하는 학교를 세웠다.

　이는 스페인이 종교를 통해 꾀하려 했던 민족정신 말살 정책과 유사한 것으로 민족의식을 희석시키기 위해 교육을 장려한 것이었다.

6월의
모든 역사

6월 13일

■
■
■
■

기원전 323년 6월 13일

알렉산더 대왕, 열병으로 급사하다

"어느 날 아시아의 풍요로운 땅에 신앙이 없는 사나이가 오리라. 그
는 어깨에 자주색 외투를 두르고, 야만스러울 정도로 사나우며 정
의를 모르는 자이다. 천둥이 그를 깨웠지만 그는 인간에 불과하니,
전 아시아가 악의 멍에에 시달리고 땅은 온통 피에 젖으리라"

-페르시아에 전해 오는 신탁

"아테네를 사랑하는 여러분! 저 마케도니아 군대의 말발굽 소리가 들리지 않습니까? 모두 다 일어나십시오! 앉아 있는 사람은 일어나십시오! 서 있는 사람은 달리십시오! 목숨 걸고 전진하여 아테네를 죽음으로 지킵시다."

그리스 변방에 있던 마케도니아의 힘이 강해지자 위협을 느낀 그리스의 정치인 데모스테네스는 폴리스의 단결을 촉구하는 연설을 하였다. 그 결과 아테네와 테베가 연합하였으나, 기원전 338년 카이로네이아에서 마케도니아 왕 필리포스의 군대에게 패배하여 그리스는 멸망하였다. 하지만 필리포스도 2년 후에 극장에서 암살 당하였고 그의 아들 알렉산더가 왕위를 물려 받았다.

알렉산더(Alexandros the Great : B.C. 356~B.C. 323)는 왕위에 오르자 페르시아 원정을 준비하였다. 이 원정에서 성공해야 자기에게 충성하고 있는 군대를 유지시킬 수 있었다. 만약 그렇지 않으면 군대는 흩어지고 왕의 권위는 떨어질 것이 분명했다. 알렉산더는 기원전 334년 5월 보병 약 3만 명과 기병 5,000명, 그리스 동맹에서 파견한 7,000명의 연합군을 이끌고 다르다넬스 해협을 건너기로 하였다.

페르시아로 가기 전에 알렉산더는 델포이에 들러 신과 대화하는 무녀를 통해 신의 뜻을 물어보았다. 무녀가 말했다. "그대는 무적이오." 원하던 대답이었다.

원정군에는 측량사 · 기술자 · 건축가 · 역사가 들도 끼어 있었다. 원정군에서 가장 훈련이 잘 된 군대는 물론 마케도니아의 군대인 콤파니온 기병대였다. 이 중에는 밀집보병단이 있었는데, 이들은 길이 5.5m의 긴 창을 가지고 8열로 고슴도치 대형을 만들어 전투를 치르는 특수 전투 집단이었다. 이들 원정군은 160척의 배로 해협을 건넜다.

알렉산더는 그라니코스 강에 주둔한 태수 3명이 이끄는 페르시아군과 처음으로 마주쳤다. 알렉산더는 땅거미가 질 무렵 강으로 접근하여 전투대형을 갖추었다. 마케도니아의 원로 장군인 파르메니오는 너무 늦었으니 전투를 미루자고 하였다. 하지만 알렉산더는 듣지 않고 공격 명령을 내렸다. 마케도니아의 나팔수가 전쟁의 신을 부르는 나팔을 길게 불었고 군사들은 고함을 쳤다.

알렉산더는 기병 1,000명과 보병 500명으로 페르시아 군대의 중앙을 공격하였다. 전면전이 시작된 것으로 착각한 페르시아 군대의 좌우에서 수많은 창이 날아왔다. 알렉산더는 정예 기병대를 이끌고 재빠르게 적의 오른쪽을 비스듬히 공격하였다.

그런데 갑자기 페르시아 군들이 알렉산더 앞에 나타났다. 그중 한 명은 알렉산더와 칼을 겨룰 정도에 있었다. 다행히 그를 따르던 '흑인 클레이토스'가 보호해 주었고, 둘은 페르시아의 지휘관 여덟 명을 죽였다.

작전 계획에 따라 콤파니온 기병대는 곧 페르시아 군대를 거세게 공격하였다. 한 역사가는 이 전투를 이렇게 표현하였다.

"페르시아 군대는 갑작스런 사태 변화에 놀랄 뿐이었다."

기세등등해진 알렉산더의 군대는 전투를 승리로 이끌었다. 이제 이오니아 해안은 알렉산더의 정복지가 되었다. 알렉산더는 불과 12년 동안에 시리아, 팔레스타인, 이집트 등을 정복하였고 페르시아 군대를 격파하여 인도의 인더스 강까지 진출하였다.

알렉산더는 직접 페르시아의 페르세폴리스 궁전에 불을 질렀고, 이집트에서는 파라오라고 스스로 불렀다. 자기가 정복한 땅에 알렉산드리아는 이름을 남긴 도시가 70개나 되었다.

하지만 인도 원정에서 돌아오던 알렉산더는 바빌론에서 열병으로 사망하고, 제국은 분열하였다. 기원전 323년 6월 13일의 일이었다.

죽기 전에 신하들이 누구를 후계자로 할 것인지 물었다. 알렉산더가 마지막 말을 하였다.

"가장 힘센 자에게."

—

1994년 6월 13일

OJ 심슨 사건 발생

—

1994년 6월 13일 새벽 미국 캘리포니아 주 로스앤젤레스의 고급 주택이 몰려 있는 브렌트우드에서 백인 여배우 니콜 브라운 심슨과 그녀의 애인 골드먼이 흉기에 난자당한 사체로 발견되었다.

용의자로 니콜 브라운의 남편인 오렌탈 제임스 심슨(Orenthal James Simpson : 1947~)이 지목되었다. 심슨은 미국 미식축구계에서 전설적인 스타였다. 스포츠 스타의 복잡한 사생활과 가정폭력이 낳은 이 끔찍한 범죄는 곧바로 이른바 'OJ 심슨 사건'으로 명명되면서 전 세계의 주목을 받았다.

하지만 1995년 10월 3일 로스앤젤레스의 한 법정에서 심슨은 372일간의 치열한 법정공방 끝에 배심원단 12명으로부터 무죄 평결을 이끌어냈다. 피 묻은 장갑이 심슨의 손에 맞지 않는다는 점, 현장에서 발견된 심슨의 혈액에 대한 보존 상태와 채취 경위, 혈액이 남겨진 시점 등이 맞지 않는다는 것이 이유였다.

그래서 심슨은 형사 처벌을 면하였다. 하지만 피해자 유가족들이 제기한 민사소송에서는 패해 배상금 850만 달러와 함께 징벌적 배상금으로 2,500만 달러를 유가족에게 지급하라는 명령을 받고 파산하였다.

이 사건은 미국을 흑백으로 나눠 놓으면서 인종 문제, 돈과 권력에 의한 '유전 무죄 무전 유죄'의 인식, 미국 사법 체계에 대한 불신, 황색 언론의 광기가 어우러져 미국 역사상 가장 추악한 범죄 사건이라는 평가를 받았다.

한편 심슨은 2011년 9월 13일 라스베이거스의 한 호텔에서 발생한 무장 강도 사건과 관련, 납치·강도 혐의에 대한 유죄가 인정돼 최고 33년형을 선고받고 현재 한 교도소에서 복역 중이다.

━

1966년 6월 13일

미국 법원, 미란다 원칙을 의무화하다

━

당신은 묵비권을 행사할 수 있고 변호사를 선임할 권리가 있습니다. 당신의 진술은 법정에서 불리하게 작용될 수 있으며, 만일 변호사를 구할 수 없을 경우 국가에서 변호사를 구해 줄 수 있습니다.

-미란다 원칙

1963년 3월, 미국 애리조나 주의 경찰은 10대 소녀를 납치·강간한 혐의로 21세의 미란다를 체포하였다.

그는 변호사도 선임하지 않은 상태에서 경찰의 조사를 받아 범행 사

실을 인정하고 진술 조서에도 서명하였다. 그런데 미란다는 재판에서
자백이 강요되었으며, 진술서는 사실이 아니라고 말하였다. 하지만 주
법원과 주 대법원에서는 미란다의 주장을 인정하지 않고 최고 30년의
중형을 내렸다.

미란다는 최후 수단으로 연방 대법원에 상고하였고, '미국 자유 시민
연맹'도 그를 도왔다. 미란다는 상고청원서에서 미국 헌법이 보장한 불
리한 증언을 하지 않아도 될 권리와 변호사의 조력을 받을 권리를 침해
당했다고 주장하였다.

마침내 1966년 6월 13일 연방 대법원은 5대 4로 원심을 뒤집고 미란
다의 무죄를 선고하였다.

한편 우리나라 대법원도 2000년 7월 4일 미란다 원칙을 무시한 체포
는 정당한 공무집행이 아니라는 판결을 내렸다.

6월의
모든 역사

6월 14일

■
·
·
■

756년 6월 14일

당 현종의 비 양귀비가 자살하다

양씨 집안에 딸이 있지만 깊은 곳에 있어 사람들이 알지 못하네. 허나 천하의 아름다움은 스스로 버리기 어려워, 하루는 뽑혀서 황제를 모시었네. 눈동자를 돌려 한 번 웃으면 교태롭기 짝이 없고, 후궁의 아름다운 모습도 지워지네.

-백거이, 『장한가』

당 현종(玄宗 : 685~762)이 아끼던 무혜비(武惠妃 : 699~737)가 죽은 것은 개원 25년인 737년이었다. 현종에게는 많은 후궁이 있었으나 마음에 드는 여인이 없었다.

현종은 환관 고력사(高力士 : 684~762)를 불러 무혜비 같은 여인을 찾아오라고 명을 내렸다. 고력사는 "수왕의 비, 양옥환(楊貴妃 : 719~756)이 천하제일의 미인입니다." 라고 말하였다.

수왕壽王 이모李瑁는 무혜비가 낳은 아들로 자기의 18번째 아들이었다. 천하의 모든 권세를 가진 황제일지라도 며느리를 가로채는 일은 꺼림칙하였다. 결국 고력사는 양옥환의 두 몸종을 매수하여 그녀들에게 비의 마음을 돌리도록 하였다. 몸종들이 매일같이 설득하자 양옥환도 어쩔 수 없었다.

수왕을 떠난 양옥환은 우선 화산華山으로 가서 여도사女道士 생활을 하였다. 황제는 그녀에게 양태진楊太眞이라는 이름을 주었다. 양태진이 황궁으로 들어오자 황후에 버금가는 귀비로 대접하였고 이때부터 양귀비楊貴妃로 불렀다. 현종은 아들 수왕에게 다소 미안했던지 위소훈의 딸을 새 부인으로 맞게 하였다. 이때가 744년 8월, 현종의 나이 60세였다.

현종은 양귀비를 위해 궁궐을 하나 마련해 주고 그것을 태진궁太眞宮이라 하고는 그들만의 사랑을 나누었다.

"구름 같은 머리, 꽃다운 얼굴, 황금 비녀, 연꽃 휘장 속에서 지새운 따사로운 봄밤. 봄밤이 너무 짧아 해가 높이 솟았구나. 이제 황제는 조회도 안 나오네."

-『장한가』

양옥환이 귀비가 되자 그녀의 친족들도 높은 자리에 앉아 권력을 휘두르게 되었다. 죽은 아버지는 대위제국공大尉齊國公에 추서되고, 숙부는 광록경光祿卿에 임명되었다. 뿐만 아니라 큰오빠는 홍로경鴻로卿, 작은오빠는 시어사侍御史가 되었다.

"자매 제형 모두 토를 줄지어 광채가 문에 생겼구나."

-『장한가』

토土를 줄지었다는 것은 봉토가 늘어났다는 뜻이다. 하지만 달이 차면 기우는 것과 같이 황제와 이백(李白 : 701~762) 같은 궁중시인에게 둘러싸여 지내던 양귀비의 영화도, 화려한 당 황실도 몰락의 길에 접어들고 있었다.

양귀비의 친척인 양국충(楊國忠 : ?~756)은 귀비의 총애를 받던 안녹산(安祿山 : 703?~757)과 함께 국정을 좌우하였는데, 둘 사이가 나빠져 안녹산이 756년 난을 일으켜 황궁으로 쳐들어왔다. 이른바 안녹산의 난 또는 안사安史의 난이라고 한다.

황제 현종은 양국충의 권유로 장안을 탈출하여 촉蜀나라로 도망하려 하였다. 6월 14일 황제를 모시고 가던 양국충은 장안 서쪽 100리쯤 가서 마외馬嵬라는 역에 도착하였다. 이때 토번의 군사들이 찾아와서 양국충은 그들을 맞이하러 갔다.

황제를 호위하고 있던 군사들은 양국충이 멀리서 군사들과 무언가를 이야기하는 것을 보고 양국충이 곧 반란을 일으킬 것이라고 생각하였다. 병사 한 사람이 소리쳤다. "양국충이 모반을 하려 한다."

이어 누군가 양국충에게 활을 쏘았다. 군사들은 현종에게 양씨 일족들을 모두 죽이기를 강요하였다. 결국 양국충과 일족들은 죽었다. 그리고 대장군 진현례가 말하였다. "양국충이 모반을 꾀했으니 황공하오나 귀비 님의 목숨을 주셔야겠습니다. 군사들의 분노가 대단합니다."

피난을 가는 황제는 호위병들의 분노를 돌려야만 했다. 현종는 양귀비에게 얇은 비단을 주었다. 양귀비도 어쩔 수 없이 마외 역관 앞의 배나무에 목을 매달아 자결하였다. 이때가 756년 6월 14일, 그녀의 나이 38세였다.

"비취 깃발 흔들흔들 가다가 서다가, 서쪽으로 성문을 나서기 백 리 남짓, 육군六軍이 꿈쩍 않아 어쩌지도 못하고, 어여쁜 여인은 말 앞에서 죽어갔네! 황제는 얼굴 가린 채 구해 주지 못하고, 돌아보는 얼굴엔 피눈물만 흘렀네."

－『장한가』

* 756년 6월 12일 '당나라 현종, 안녹산의 난으로 피난하다' 참조

—

1777년 6월 14일

성조기, 미국 국기로 채택

—

1777년 6월 14일, 미국 13개주 대표가 모인 대륙회의에서 성조기가 미국의 국기로 채택되었다. 미국이 영국으로부터 독립한 지 1년 만이었다.

당시 미국의 전체 주인 13개주를 상징하는 '붉은색과 흰색으로 된

13개의 줄무늬와 청색 바탕의 13개 별'을 국기 제정의 원칙으로 삼았다. 하지만 별의 배치를 구체적으로 정하지 않아 국기마다 별의 위치가 달랐다.

이후 새로운 주州가 연방에 편입될 때마다 별과 줄무늬가 15개(1795년) · 20개(1818년)로 점차 늘어났다. 이에 1818년 대통령 제임스 먼로(James Monroe : 175~1831)가 "줄무늬는 13개로 고정하고, 별은 새로운 주州가 연방에 편입될 때마다 하나씩 추가한다."는 원칙을 정하였다.

이 원칙에 따라 성조기는 27번이나 변신을 거듭해 왔다. 현재의 모습을 갖춘 것은 1960년 7월 4일, 하와이가 50번째 주로 연방에 편입된 뒤부터였다.

성조기를 처음 도안한 사람은 필라델피아의 여자 재봉사 벳시 로스 또는 독립선언서에 서명했던 프랜시스 홉킨슨이라고 알려져 있다.

한편 1814년 영국은 볼티모어의 맥헨리 요새를 점령하려고 하였으나 미국은 성공적으로 방어하였다. 이에 시인 프랜시스 스콧 키(Francis Scott Key : 1779~1843)는 시를 한 편 지었다.

이 시에 영국에서 술을 마실 때 부르는 노래 「천상의 아나크레온에게To Anacreon in Heaven」의 곡조를 붙여 미국 국가 「성조기여 영원하라Star Spangled Banner」가 탄생하였다.

1919년 6월 14일

최초의 금속제 여객기 융커스 F13,
첫 비행에 성공

1914년 발발한 제1차 세계 대전은 상업항공의 발달에 큰 영향을 미쳤다. 전쟁 당시 민간항공의 활동은 거의 중단되었으나 교전국 사이에는 공중 전투비행도 벌어지는 등 기재가 개발되고 기술도 축적되어 갔다.

전후에 유럽 각국은 많은 군용기를 유효적절하게 사용할 방안을 찾으면서 민간항공 수송용으로 이용하려는 방안이 시도되었다. 그래서 유럽 여러 나라에서는 군에서 불하받은 비행기를 확보하여 급조한 항공사가 속출하였고 1919년에는 영국 · 프랑스 · 독일 3국에서만도 무려 20개사가 넘는 군소 항공사가 등장하였다.

특히 독일은 자신들이 벌인 전쟁으로 인해 입은 막심한 피해와 가혹한 베르사유 조약 등 경제적 불안 속에서도 세계 항공계에 또 하나의 커다란 기여를 하였다. 종래의 목제 비행기와는 달리 강도가 뛰어난 최초의 금속제 민간항공 수송기를 처음으로 개발한 것이다.

독일의 항공기 개발자 휴고 융커스(Hugo Junkers : 1859~1935)는 F13 안제리제기를 개발하였다. 1919년 6월 14일 이 비행기가 8명의 좌석을 장착하고 6,750m의 고공비행에 최초로 성공함으로써 상업적 민간 항공기의 시초가 되었다.

이 비행기는 금속제란 점 외에도, 융커스 교수의 이론을 바탕으로 오토로이터가 만든 실용적 엔진을 부착했으며, 바퀴도 육상과 해상의 지형적 변화나 나쁜 기상 조건에도 적응할 수 있도록 다양하게 설계되어 주목을 끌었다.

이 비행기는 또한 처음으로 여객을 싣고 안데스산맥을 넘었다. 그리고 뉴기니아에서 금화를 수송하기도 했으며, 스웨덴에서는 응급환자를 수송하는 등 위력을 발휘했다.

F13기는 그 후 계속 개조되어 4인승 객실에 냉온장치를 마련하는 등, 당시로서는 상당히 안락한 여행이 가능한 비행기로 호평을 받았다.

1914년 6월 14일

국제올림픽위원회, 오륜기 채택

근대 올림픽의 창시자 피에르 쿠베르탱(Pierre Coubertin : 1863~1937)이 1913년 8월 국제올림픽위원회IOC 홍보 잡지 『올림픽 리뷰Olympic Revue』의 기사를 통해 올림픽 오륜기에 대해 처음으로 언급하였다.

그리고 1914년 6월 14일 파리의 소르본 대학교에서 열린 IOC 20주년 기념행사에서 오륜기가 IOC의 공식기로 채택되었다.

오륜기는 흰색 바탕에 5개의 고리가 아래위로 서로 얽혀 있다. 고리는 왼쪽부터 파란색 · 노란색 · 검정색 · 초록색 · 빨간색이며, 유럽 · 아시아 · 아프리카 · 오세아니아 · 아메리카의 5개 대륙을 상징한다.

한편 올림픽경기는 아니지만, IOC를 대표하는 성격으로 1915

올림픽 오륜기

년 3월 18일 샌프란시스코의 만국박람회장에서 공식적으로 오륜기가
게양되었다. 그러나 1916년 열린 예정이었던 제7회 베를린 올림픽 때
에는 제1차 세계 대전으로 무산되어 이 기를 게양할 수가 없었다.

6월의
모든 역사

6월 15일

1215년 6월 15일

영국의 존 왕, 「대헌장」에 서명하다

잉글랜드교회는 자유로우며 그 모든 권리는 온전히 유지되고 자유
또한 침해될 수 없다.

-「대헌장」 제1조

관습적으로 인정된 것 외에 세금을 부과하는 것은 국민들의 공통
된 결정, 즉 의회에서만 해결될 수 있다.

-「대헌장」 제12조

순회법정을 실시하여 지방에 있는 귀족들의 사법권을 제한했던 헨리 2세(Henry Ⅱ : 1133 ~1189)가 죽은 후, 1189년 사자왕이라고 부른 리처드 1세(Richard Ⅰ : 1157~ 1199)가 즉위하였다.

하지만 그는 제3차 십자군 원정과 유럽에서 벌어진 전쟁에 참가하여 영국에서 거의 지내지 못했다. 오히려 십자군 원정을 끝내고 돌아오다 포로로 잡혀 막대한 배상금만 지불하였다.

1199년 사자왕을 이은 존 왕(John Lackland : 1166~1216)은 조카를 살해하고 왕위에 올랐다. 그는 리처드 1세 같이 멋진 별명 대신에 실지왕失地王이라는 수치스런 이름을 가지고 있다. 왜냐하면 귀족들의 반대에도 불구하고 프랑스 왕의 꼬임에 휘말려 프랑스와 전쟁을 벌이다 참패해 프랑스에 가지고 있던 땅을 잃어버렸기 때문이었다. 또한 교황과 다투다 파문당할 정도로 무능한 왕이었다.

그리고 1215년 6월 15일에 그는 템스 강 남쪽 기슭의 러니미드 초원에서 귀족들로부터 귀족의 권리를 문서화한 「대헌장Magna Carta」 승인을 강요받아 서명하였다.

1213년 이후 캔터베리 대주교 스티븐 랭턴(Stephen Langton : 1150~1228)은 귀족들의 불만을 모아 국왕에게 자신들의 권한을 엄숙히 선포해 줄 것을 요구하고 나섰다. 결국 '귀족들의 헌장'이 작성되었고 이를 원본으로 한 최종적인 「대헌장」이 만들어졌다.

'신의 은총을 입은 잉글랜드 왕이자 아일랜드 군주이며, 노르망디와 아키텐의 공작이자 앙주의 백작인 존은…'으로 시작하는 「대헌장」은 교회의 자유, 귀족들이 져야 할 봉건적 부담의 제한, 재판 및 법률, 도시 특권의 확인, 지방 관리의 직권남용 방지 등 63개항으로 구성되었다.

존 왕은 「대헌장」에 서명하였지만 그렇다고 영국의 왕권이 근본적으로 제한 받은 것은 아니었고 특별히 새로운 것도 없었다. 단지 관습적으로 내려온 귀족에 위한 귀족을 위한 귀족들의 권리를 문서로 확인한 것뿐이었다. 그래서 자유민도 재판 청구권 등 극히 제한적인 권리만 누릴 수 있었고, 당시 피지배층인 농민들은 애초에 이 문서의 혜택을 받을 수 없었다.

즉 존 왕이 「대헌장」에 서명할 당시에는 문서 자체에 민주주의 요소는 별로 없었다. 그러나 후대로 내려오면서 「대헌장」은 귀족들의 권리를 왕의 전제정치로부터 보호하고 나아가 국민들의 권리를 지키는 기본적인 문서가 되었다. 이후 「대헌장」은 여러 권리 선언들에 영향을 준 인권헌장으로 인식되었다.

예를 들어, 「대헌장」 제3조는 귀족 전체회의의 승인 없이 군역 대납금이나 특별 보조세를 징수하지 못하도록 규정했으며, 제12조는 후대에 '대의代議 없는 세금 부과는 없다'라는 원칙으로 해석되었다.

자유민은 같은 신분을 가진 사람에 의한 재판이나 국법에 의하지 않고서는 체포·구금할 수 없다고 규정한 제39조는 보통법 재판소에서의 재판을 요구하는 근거로 이용되었다.

이후 「대헌장」은 4세기 뒤 국민의 권리와 자유를 보장한 권리청원(1628)과 권리장전(1689)으로 이어지며 근대 민주주의 헌법의 토대로자리 잡았다. 절대 권력을 가진 '왕'보다 '법'의 우위를 확인한 「대헌장」은 민주주의의 시발점이자 근대 헌법·법치의 토대, 국민의 자유 보장, 서구 최초의 성문법 등이란 평가를 받고 있다.

한편 1215년에 반포된 「대헌장」은 현재 4가지의 '원본'이 현존하는데, 2가지는 각기 링컨 대성당과 솔즈베리 대성당에 있고 나머지 2가지는 대영박물관에 있다.

—

1844년 6월 15일

미국의 발명가 찰스 굿이어, 고무 가황법으로 특허 획득

—

찰스 굿이어(Charles Goodyear : 1800~1860)는 1800년 미국 코네티컷 주 뉴헤이번에서 태어났다. 그는 철물상을 운영하는 아버지 밑에서 일하면서 냉서(冷暑)에 견디는 고무의 가공법에 관심을 가졌다.

굿이어는 천연고무에 황을 혼합하는 실험을 거듭하다가, 1839년 우연히 천연고무 덩어리와 황을 혼합한 물질을 뜨거운 난로에 떨어트렸다. 거기서 그는 가황(加黃) 고무의 조각이 냉서에 견딜 뿐만 아니라 굉장한 탄성을 갖고 내구성도 증가한다는 사실을 발견하였다.

본래 천연고무는 탄력성 고분자로 이뤄져 있어 적당히 힘을 가해 잡아 늘리면 늘어나고 힘을 멈추면 다시 본래 상태로 돌아간다. 여기에 황과 열이 더해지면 분자 결합이 변하면서 탄성이 더욱 강해지는 것이었다.

굿이어는 연구를 거듭해 마침내 1844년 6월 15일 고무 가황법으로 특허를 받았다. 하지만 그는 고무 가황법 특허로 큰 부를 누리지 못했고 오히려 특허권 침해 소송에 시달려 1852년에 이르러서야 승소판결을 받아낼 수 있었다.

그의 발명 덕에 자전거를 비롯해 자동차, 항공기 등 교통수단의 혁혁한 발전이 이뤄졌다. 또한 고무가황법은 중공업뿐 아니라 고무장화 등 일상생활용품에도 적용되었다.

1942년 6월 15일

프랑스 소설가 알베르 카뮈, 소설 「이방인」 출간

알베르 카뮈(Albert Camus : 1913~1960)는 1913년 11월 7일 알제리 몽드비에서 출생하였다. 군인이었던 아버지가 제1차 세계 대전 중에 전사하자, 그는 어린 시절을 귀머거리인 어머니·할머니와 함께 가난하게 살았다.

카뮈는 알제리 대학교에 입학하였으나 폐결핵으로 중퇴하게 되었다. 그 후 가정교사, 자동차 수리공, 기상청 인턴 직원 등 여러 직업을 전전하다가 신문기자가 되었다.

1942년 1월 카뮈는 이미 왼쪽 폐가 결핵으로 손상됐고, 더 이상 그가 좋아하던 수영도 즐기지 못할 정도로 심각한 상태가 되었다. 그는 파리로 보낸 「이방인」을 비롯해 철학 에세이집 「시지프스의 신화」와 희곡 「칼리굴라」 원고의 답신을 기다리고 있었다.

그중에서 「이방인」이 앙드레 말로(Andre Georges Malraux : 1901~ 1976)의 추천을 받아 6월 15일 갈리마르 출판사에서 출간되었다.

「이방인」은 출간 즉시 문단의 주목을 받았지만, 제2차 세계 대전 중이었던 관계로 용지가 부족해 소설에 대한 서평을 실을 지면은 얻지 못하였다.

하지만 「이방인」은 부조리의 심연 앞에 선 인간을 그린 실존주의 소설의 대표작으로 평가 받으면서, 20세기 프랑스 소설 가운데 세계적으로 가장 널리 읽힌 작품이 되었다.

1919년 6월 15일

존 앨콕과 아서 브라운,
최초의 대서양 무착륙 횡단 비행 성공

1919년 6월 15일 영국 조종사 존 앨콕과 아서 브라운이 세계 최초로 대서양 횡단 무착륙 비행에 성공하였다.

그들은 전날인 6월 14일 이른 아침에 개조된 비커스 비미 폭격기로 세인트 존스의 뉴펀들랜드를 출발한 뒤 3,050km 거리를 16시간 27분 동안 비행해 안개가 낀 아일랜드의 코네마라에 착륙하였다.

착륙하면서 습지로 불시착했지만 제1차 세계 대전에 참전한 베테랑들답게 다행히 부상을 당하지는 않았다. 두 사람은 「데일리 메일」로부터 상금 1만 파운드와 함께 기사 작위를 받고 영국 국민의 영웅이 되었다.

이 비행의 성공으로 많은 짐을 수송하는 비행기가 안개와 추위라는 어려운 조건에서도 오랫동안 비행할 수 있다는 것이 입증되었다.

한편 앨콕 대위는 12월 18일 파리 에어쇼 행사장으로 가던 중 그가 조종하던 비행기가 안개 속에서 나무와 충돌해 사망하였다.

6월의
모든 역사

6월 16일

■
·
·
■

1840년 6월 16일

청나라와 영국, 아편전쟁을 일으키다

아편 무역은 중국 황제와 광주廣州의 관리에 의해 금지되었고 아편을 파는 중국인은 사형에 처해졌다. 그러나 몰래 파는 조직이 있으므로 아편 판매는 매우 쉬운 일이었다. 다만 새로운 관리가 올 때 뇌물 액수를 정하는 동안은 잠시 판매가 중지되었다.

-윌리엄 헌터, 영국 작가

청나라가 유럽 제국의 압력에 굴복하여 한순간에 무너지고 반식민지로 떨어지게 된 것은 영국과 벌인 아편전쟁에서 패배한 이후이다. 중국이 서양 나라들과 무역을 시작한 것은 명나라 시대로 거슬러 올라가며 무역 허가를 받은 것은 청나라 때인 1699년이다.

하지만 이때의 무역은 오늘날과 같은 무역이 아니었고, 천하의 중심국인 중국에 조공해 오는 서양 오랑캐들에게 은혜를 베푼다는 중화사상을 바탕으로 하고 있었다. 하지만 아편전쟁은 중국의 중화사상을 일시에 무너뜨리는 사건이었다.

청나라는 1757년 해금海禁 정책을 발표하고 외국과 벌이는 무역을 광주 한 곳으로 제한하였다. 이 때문에 광동 무역이 나타나게 되었고, 특히 영국이 다른 나라에 비해 큰 비중을 차지하였다. 광동 무역에서 청나라는 무역 관리 기관으로 월해관을 두고 관리를 파견하였으나, 실제 거래를 담당하는 사람들은 십삼행十三行이라 불리는 특허상인이었다.

반면 영국은 동인도회사가 무역을 독점하고 있었다. 동인도회사는 중국에서 면직물과 비단 · 도자기 · 차를 수입하였으며, 은과 인도산 면화를 팔았다. 이 중 차는 17세기 유럽에 소개된 뒤 18세기에 수요가 크게 늘어나 18세기 말에는 처음에 비해 400배나 수요가 늘어났다.

그 결과, 영국은 중국과의 무역에서 수입이 수출보다 많아지게 되었다. 동인도회사는 차 값으로 공식 화폐와 다름없는 은을 지불해야 했으나, 산업혁명 중이었던 영국에서는 자금 수요가 많아 차를 사기 위해 많은 은을 중국으로 가져 갈 수 없었다. 그래서 동인도회사는 차를 인도와 실론에서 재배하였고, 중국에 팔 만한 새로운 물건을 찾았으니 그것이 바로 아편이었다.

아편을 중국에 팔러간 사람은 포르투갈 사람들이었지만 양이 얼마

되지 않았고, 1773년 영국의 동인도회사가 아편 독점권을 얻은 이후 중국에 적은 양이나마 수출하고 있었다. 이에 대해 청 정부는 1779년에 아편을 거래하는 사람을 사형에 처하는 법을 만들었고, 18세기 말에는 외국 상인의 아편 수입과 양귀비 재배를 금지하였다.

하지만 영국이 동인도회사뿐 아니라 상인 개인들에도 무역 허가를 내주게 되자, 중국에 아편은 더욱 많이 들어오게 되었다. 이에 따라 많은 중국인들이 아편을 흡입하였으며, 1853년 무렵에는 약 200만 명 정도가 아편을 흡입하였다.

영국은 아편 수출로 중국과의 무역수지를 흑자로 만들 수 있었다. 반대로 은이 중국에서 영국으로 흘러 들어가게 되자 화폐와 함께 중국에서 세금을 내는 수단이었던 은의 가격은 점점 높아갔다. 청 정부에게 은의 유출은 아편보다도 더 큰 문제가 되었고, 중국 경제계는 큰 혼란 속으로 빠져들었다.

결국 청 정부는 1839년 임칙서(林則徐 : 1785~1850)를 광동으로 파견하여 아편 무역을 금지시켰다. 임칙서는 아편을 판매하고 흡입하는 사람에게 엄한 벌을 내렸고, 영국에게 "이후 무역을 하러 오는 선박은 영원히 아편을 가져오지 않으며, 만약 가져오게 되면 모두 몰수한다."는 서약서를 요구하였다.

청 정부와 영국 정부의 갈등이 표면으로 드러나면서 9월부터 청 군대와 영국 군대가 소규모 전투를 벌이기도 했다. 아편전쟁은 다음해인 1840년 6월 16일 발생하였다. 영국은 군함 16척, 기타 함선 32척과 4,000명의 영국군을 이끌고 중국을 공격하였다.

임칙서는 영국군에 대비하여 민병 5,000명을 모집하고 해안선 경계를 강화하고 있었다. 전쟁이 일어나자 영국군은 난징을 함락시키고 톈진을 포격하였다. 중국 군대는 안방에서 압도적인 수적 우세를 유지하고 있었지만 영국 화력을 이길 수는 없었다.

전쟁 중에 강화 교섭이 추진되었지만 실패로 돌아갔다. 결국 청 정부는 1842년 8월 양자강에 머물러 있던 영국 함선 콘월리스호에서 영국과 난징 조약을 체결하면서 반식민지의 길을 걷게 되었다.

이후 프랑스 · 미국도 영국을 따라 청 정부와 불평등 조약을 맺었다.

—

1963년 6월 16일

러시아의 테레슈코바, 최초의 여성 우주비행사가 되다

—

"여기는 갈매기. 기분 최고"

-테레슈코바

소련의 테레슈코바(Valentina Vladimirovna Tereshkova : 1937~)는 청소년 시절에 직물공장에서 일하면서 낙하산을 타기 시작하였다.

그녀는 1962년 2월 16일 400명 이상의 지원자 중에 최종 5명의 우주인 후보로 선발되었다. 그 당시 선발 조건은 30세 이하의 낙하산을 탈수 있는 여성, 키 170cm 이하, 몸무게 70kg 이하였다.

흐루시초프(Nikita Khrushchyov : 1894~1971) 대통령은 여성우주인을 선전용으로만 생각하였기 때문에 발렌티나 테레슈코바를 최종 우주인으로 선택하였다. 왜냐하면 그녀는 프롤레타리아이며 그녀의 아버지가 나치와 싸운 전쟁 영웅이었으므로 선전 효과로는 최적의 조건이었기 때문이었다.

1963년 6월 16일, 26세의 테레슈코바는 우주선 보스토크 6호에 올라 세계 최초의 여성 우주비행사가 되었다. 그녀는 70시간 50분 동안 지구를 48바퀴 돌고 지상으로 내려왔다.

그 후 전 세계 여성들의 영웅이 된 테레슈코바는 공군 아카데미에서 공학박사 학위를 받았다. 또한 정치에 입문하여 화려한 정치 활동을 하였다.

소련이 붕괴된 후에는 정계에서 은퇴하여 현재는 우주 관련 이벤트에 많은 참여를 하고 있다.

* 1961년 4월 12일 '소련, 첫 유인 우주선 보스토크 1호 발사' 참조

—

1897년 6월 16일

미국 매킨리 대통령,
하와이 공화국과 합병 조약 체결

—

1897년 6월 16일 미국의 매킨리(Mckinley William : 1843~1901) 대통령과 하와이 공화국이 합병 조약을 체결하였다. 이 조약을 미국 의회가 1898년 7월 7일에 비준하였고, 1900년 4월 30일에 미국이 하와이를 합병함으로써 효력이 발생하였다.

하와이는 카메하메하 1세(Kamehameha I : 1758?~ 1819) 때부터 왕조 체계가 유지되던 독립국가였다. 19세기 중반부터는 미국과 극동을 잇는 중간기지 역할을 해 왔고, 1887년에 미국과 호혜통상조약을 체결

하여 진주만Pearl Harbor을 미국 해군기지로 제공하기도 하였다.

하와이로 이민 온 사람들은 주로 미국인들이 많았는데, 19세기 후반에 사탕수수 및 파인애플 재배에 성공하여 제당업이 번창하자 아시아인을 포함한 다른 외국인의 이민이 증가하였다.

그런데 1890년의 미국 관세법 개정으로 제당업이 타격을 받자 하와이에 와 있던 미국인들이 중심이 되어 미국과의 합병을 추진하는 운동이 일어났다.

이런 분위기 속에서 1891년에 즉위한 릴리우오칼라니(Liliuokalani : 1838~1917) 여왕이 국수적인 헌법 개정을 시도하자 1893년에 하와이 혁명이 일어나서 1894년에 하와이 공화국이 탄생하였다. 이어 하와이 공화국이 미국에 합병해 달라는 요청을 함으로써 합병이 성사되었다.

이후 하와이 공화국은 준주準州 상태를 유지했으나, 제2차 세계 대전 후 주州 승격 운동이 활발해져 1959년 8월 21일 알래스카에 이어 미국의 50번째 주가 되었다.

1903년 6월 16일

미국 포드 자동차 회사 설립

포드의 차가 자동차경주에서 신기록을 계속 내자 1902년 석탄 매매업으로 성공한 맬 콤슨은 포드가 세우려는 회사에 투자하기로 마음먹었다.

그리고 다음해인 1903년 6월 16일 헨리 포드(Henry Ford : 1863~1947)와 11명이 공동투자자로 참여한 포드 자동차 제조 회사가 미시간

주 디트로이트에 설립되었다.

이후 포드사는 1908년 대량생산이 가능한 포드시스템을 도입하여 1일 1,000대의 자동차 생산을 가능하게 하였다. 그리고 열다섯 살짜리 아이도 손쉽게 운전할 만큼 조작이 간단한 포드 T형 자동차의 성공으로 미국 최대의 자동차 회사가 되었다.

하지만 1920년대 말에 들어오면서, 제너럴모터스GM, 1937년에는 다시 크라이슬러Chrysler Corporation에 뒤져 3위로 처졌다.

그 후 헨리 포드의 손자 포드 2세(Henry Ford Ⅱ : 1917-1987)가 1945년 사장으로 취임하면서 적극적인 경영전략을 펼쳐 사세를 만회하였다.

* 1913년 4월 1일 '미국 포드 자동차, 컨베이어 시스템 도입한 포드 모델 T 생산' 참조

6월의
모든 역사

6월 17일

■
·
■

—

1972년 6월 17일

미국 워터게이트 사건이 발생하다

—

조간신문과 저녁 6시 뉴스는 몇 년 동안 이 사건을 중심으로 이루어졌다. 많은 사람들이 메이저리그 경기만큼이나 관심과 흥미를 가지고 지켜보던 드릴과 서스펜스 만점의 장기 흥행물이었다.

미국 대통령 선거를 5개월 앞둔 1972년 6월 17일 새벽 2시 30분. 이탈리아계 미국인 1명, 쿠바인 3명 그리고 맥코드McCord라는 사람 등 건장한 체구를 가진 5명이 워싱턴에 있는 워터게이트 호텔에 들어와 6층으로 올라가는 엘리베이터를 탔다.

장갑을 낀 손에는 손전등과 고성능 전자 도청 장치를 들고 있었다. 엘리베이터의 문이 열리자 한 사무실 앞에 섰다. '민주당 전국위원회 본부' 문을 열고 들어가는 순간, 경찰의 그림자가 그들 앞에 드리워졌다. 이들 5명은 절도죄로 체포되었다.

경찰은 늘 일어나는 그저 그런 범죄로 판단하였다. 하지만 사건을 취재하던 「워싱턴포스트」의 밥 우드워드(Bob Woodward : 1943~)와 칼 번스타인(Carl Bernstein : 1944~) 기자가 절도범의 수첩에서 전직 중앙정보부CIA 요원의 이름이 있는 것을 발견하였다.

이틀 후 이들은 '대통령 리처드 닉슨 재선위원회'가 민주당 선거 본부를 도청하려 했다는 사실을 폭로하였다. 곧 하워드 헌트 2세 전 백악관 보좌관과 고든 리디 대통령 재선위원회 법률고문이 고발되었다. 사건의 진실에 대해 대중적인 관심이 점점 커져가고 있었지만, 리처드 닉슨(Richard Milhous Nixon : 1913~1994) 대통령과 그의 보좌관들은 어느 누구도 이 절도 사건에 개입하지 않았다고 주장하였다.

그해 11월에 치러진 선거에서 닉슨은 민주당의 조지 맥거번(George Stanley McGovern : 1922~) 후보를 누르고 대통령에 재선되었다. 하지만 수사는 계속되어 1973년 1월 콜롬비아 지방법원에서 심리가 시작되었다. 담당은 수석판사인 존 시리카(John Sirica : 1904~1992)였다.

시리카는 절도 사건과 관련된 사람들을 끈질기게 추궁하였고, 마침내 맥코드가 입을 열었다. 백악관의 관리들과 선거전을 준비하는 사람들이 줄줄이 불려갔다. 대통령 고문인 존 딘은 닉슨에게 불리한 진술을 하였다. 닉슨 대통령은 중앙정보국을 통해 연방수사국FBI의 수사를 중단시켰다.

하지만 「워싱턴포스트」는 '딥 스로트deep throat'라는 이름을 밝히지 않은 제보자의 말을 통해 닉슨의 공화당이 민주당의 선거 운동을 방해했다고 보도하였다. 의혹은 점점 커져만 갔다. 1973년 3월에는 특별검사로 아치볼드 콕스(Archbald Cox : 1912~2004)가 임명되어 수사를 전담하였고, 5월에는 의회에서 청문회가 열렸다. 닉슨을 몰락시키는 제보는 내부에서 나왔다.

1973년 6월 전 백악관 보좌관이었던 버터필드가 대통령이 집무실에서 말하는 내용은 모두 녹음된다는 증언을 한 것이었다. 여론은 닉슨에게 테이프를 공개하라고 압력을 가했고, 특별검사 콕스는 테이프 제출을 요청하였다.

하지만 닉슨은 대통령의 '행정특권'을 내세워 거부하였고 특별검사를 해임시켰다. 7월 대법원의 테이프 공개 명령이 나오자 닉슨도 어쩔 수 없었다. 워터게이트 빌딩을 도청하라는 대통령의 지시가 있을 법한 부분이 지워진 채로 테이프가 제출되었지만 닉슨의 수사 방해 전모는 드러났다.

결국 닉슨은 미국 헌정 사상 최초로 탄핵소추를 받았고, 1974년 8월 의회의 탄핵으로 쫓겨나기 전에 스스로 대통령직에서 물러났다.

워터게이트 사건은 미국 정치사에서 치욕적인 사건이었지만, 진정한 기자 정신이 무엇인지 보여 주었던 저널리즘의 큰 소득이었다.

* 1973년 4월 30일 '미국의 닉슨 대통령, 워터게이트 사건 책임을 물어 보좌

관과 법률 고문 해임'참조

* 1973년 5월 17일 '미국, 워터게이트 사건 청문회가 개시되다' 참조

—

1789년 6월 17일

프랑스의 제3신분, 국민의회 결성

—

프랑스의 루이 16세([Louis XVI : 1754~1793)는 1789년 5월 부르주아들에게 재정적인 지원을 얻고자 성직자 · 귀족 · 제3신분으로 구성된 신분회의 소집을 발표하였다.

이 무렵 성직자와 귀족의 대표는 각각 300명씩이었고, 제3신분의 대표는 600명이어서 숫자상으로는 특권층과 비특권층의 비율이 같았다.

그러나 관례에 따라 신분별 표결을 하면 제3신분에게 불리한 결정이 나올 수 있었다. 결국 제3신분은 6월 17일 단독으로 영국식 국회를 추구하는 국민의회 설립을 발표하였다.

그리고 3일 후인 6월 20일 국민의회는 회의장을 베르사유 궁전의 테니스 코트 건물로 옮기고, 자신들의 요구가 승인되어 헌법이 제정될 때까지는 이 의회를 해산하지 않는다고 선서하였다.

이들은 테니스 코트 선서를 통해 프랑스혁명의 횃불을 밝혔다.

* 1789년 6월 20일 '프랑스 국민의회, 프랑스 혁명의 서막을 알린 테니스 코트 선서를 하다' 참조

1994년 6월 16일

국제연합, 사막화 방지 협약 채택

1994년 6월 17일 국제연합UN이 사막화를 방지하기 위한 국제적 노력을 도모하고자 사막화 방지 협약(UNCCD : United Nations Convention to Combat Desertification)을 채택하였다.

공식 명칭은 '심각한 가뭄 또는 사막화를 겪고 있는 아프리카 국가 등 일부 국가들의 사막화 방지를 위한 국제 연합 협약'이다. 이 협약은 기후변화협약UNfccc, 생물다양성협약UNCBD과 더불어 국제연합 3대 환경 협약이다.

사막화 방지 협약은 1992년 6월 브라질 리우데자네이루 회의에서 의제21 선언을 통해 사막화 방지를 위한 지역적 · 국제적 협력의 기틀을 마련하기로 결정하고 체결되었다.

사막화 방지 협약의 목적은 아프리카 지역을 비롯하여 심각한 가뭄 및 사막화를 겪는 국가에 재정적, 기술적 측면의 국제적 지원을 통해 사막화를 방지하고, 가뭄 피해를 완화하는 것이다.

또한 사막화 피해지역에서의 생활 여건을 개선시켜 줄 토지생산성의 향상과 수자원의 복구 · 보전 · 지속관리를 포함하는 장기종합전략을 수립하려는 데 있다.

사막화 방지 협약은 1996년 12월 26일부터 발효되었다.

* 1789년 6월 3일 '리우 회의, 브라질 리우데자네이루에서 개막하다' 참조

—

1940년 6월 17일

소련, 발트 3국 합병

—

13세기경 독일계 검의 형제 기사단chwertbrüderorden이 라트비아 · 리투아니아 · 에스토니아 등 발트 3국에 기독교와 봉건주의를 가지고 들어왔다. 그 후 덴마크 · 스웨덴 · 폴란드 · 러시아 · 독일이 발트 3국 지역을 두고 각축을 벌였다.

1582년에는 에스토니아 북부를 제외한 발트 3국 지역 거의 전체가 폴란드-리투아니아 연방의 지배하에 들어갔다. 이후 19세기에는 이 지역이 제정 러시아의 지배하에 들어갔다. 그러나 독일 제후들과 스웨덴 지배층들이 러시아 황제에게 충성을 다했기 때문에 이 지역은 자치권을 받아 독일 문화가 많이 퍼졌다.

제1차 세계 대전이 끝나면서 발트 3국은 독립국이 되었다. 그러나 1939년 독일과 소련 간에 불가침 조약이 체결됨에 따라 1940년 6월 17일 독일은 소련이 발트 3국 거의 모두를 합병하는 것에 동의하였다.

하지만 단기간의 소련 통치 후 독일은 발트 3국을 침공했으며 제2차 세계 대전 말기에는 다시 소련이 침공했다. 제2차 세계 대전 이후에 발트 3국은 소련에 합병되었다.

이후 리투아니아는 1990년 3월에, 에스토니아는 1991년 8월에, 라트비아는 1991년 9월에 각각 독립하였다.

1944년 6월 17일

아이슬란드, 덴마크로부터 분리 독립

북아메리카 대륙과 유럽 대륙 중간에 있는 북유럽 국가 아이슬란드는 8세기경 아일랜드의 신부神父에 의해 처음으로 발견되기 전까지 무인도였다.

865년경 바이킹의 프로키가 아이슬란드라고 명명하였고, 870년경에는 잉골푸르 아르나르손이 상륙하여 최초의 이주자가 되었다.

이후 노르웨이 · 아일랜드 · 스코틀랜드에서 이주자들이 들어와 930년에 독립 국가를 세웠으며, 1100년에는 인구가 8만 명으로 증가하였다.

1262년부터 노르웨이의 지배하에 들어간 데 이어, 1380년부터는 노르웨이와 함께 덴마크에 통합되었다.

1800년에 국회가 폐지되는 암흑시대를 맞이하였지만 1843년에 다시 국회가 부활하였고, 이어 1904년에 제한적인 자치권을 얻어 외국과의 무역 자유화와 자치가 허락되었다. 그리고 1911년의 대학 설립과 1915년의 여성 참정권 획득에 이어 1918년 덴마크에게서 자치권을 획득하였다.

마침내 1944년 6월 17일 덴마크로부터 독립하여 아이슬란드 공화국을 선포하고, 헌법을 제정하였다.

이후 아이슬란드는 1946년 국제연합UN에 가입하였으며, 대외적으로는 중도좌우의 입장을 취하고 있다. 자체 군대가 없기 때문에 국방은 미국을 중심으로 하는 나토NATO 통합군에 의지하고 있다.

6월의
모든 역사

6월 18일

■
·
■

1815년 6월 18일

프랑스의 나폴레옹, 워털루 전투에서 패배하다

"인생에 있어 가장 중요한 것은 성공했다고 지나친 기쁨에 빠지지 않는 것이며, 실패했다고 낙심하지 않는 것이다. 나는 항상 감추어 둔 무기가 손에 있다. 그것은 희망이다. 자신의 힘을 믿고 남에게 의지하지 않는 것이다."

-나폴레옹

프랑스 황제가 된 나폴레옹(Napoléon Bonaparte : 1769~1821)은 1812
년 러시아를 공격하다가 시베리아의 혹한으로 물러날 수밖에 없었다.
그리고 다음 해에는 라이프치히 전투에서 러시아 · 프러시아 · 오스트
리아로 구성된 연합군에게 패배하였다.

1814년 연합군은 파리에 들어와 나폴레옹을 엘바 섬에 가두어 버
렸고, 프랑스에는 부르봉 왕조가 복고되어 루이 18세(Louis XVIII :
1755~1824)가 즉위하였다. 그러나 프랑스혁명 이전으로 돌아가려는 귀
족들과 루이 18세의 무능함은 프랑스 국민들을 실망시켰다. 국민들은
점점 유럽을 지배했던 나폴레옹을 그리워했다.

"사실 나를 파리로 되돌아가도록 부추긴 것은 겁쟁이라는 비난이었다. 나
는 더 이상 이 말을 참을 수 없었다."

나폴레옹은 그의 말처럼 이렇게 단순한 동기로 엘바 섬을 탈출한 것
은 아니었다. 그에게는 아무도 빼앗을 수 없는 무기인 희망이 남아 있
었기 때문이다.

1815년 2월 나폴레옹은 엘바 섬을 탈출하려고 배를 탔다. 나폴레옹을
감시하던 프랑스 배 3척이 다가왔지만 몇 마디 묻고는 별다른 방해 없
이 물러났다. 선장의 실수인지 일부러 가만 놔둔 것인지 알 수 없었다.

나폴레옹을 따르는 병사는 얼마 되지 않았다. 배가 앙티브에 닻을 내
렸을 때 나폴레옹이 호위병들에게 말했다. "총 한 방 쏘지 않고 파리에
들어갈 것이다." 하지만 파리로 들어가기까지 많은 관문이 그를 기다리
고 있었다.

도핀에 도착했을 때는 농민들의 환영을 받았지만 그로노블로 가려고

했을 때는 상황이 많이 달랐다. 루이 18세를 따르는 왕당파 사령관의 지휘를 받는 제7연대 수비대들이 나폴레옹을 가로막고 있었다. 나폴레옹이 1,000명이 채 안 되는 병력으로 이들과 전투를 벌인다면 이길 가능성은 없었다.

하지만 수비대에는 한때 나폴레옹의 참모였던 베드와예 대령이 있었다. 그는 나폴레옹의 파리 입성을 막고 싶어 하지 않았다. 사령관이 대령에게 다가와 말했다. "나폴레옹을 따르는 군인이 얼마 되지 않네. 그에겐 가망이 없어." 그러자 대령을 둘러싸고 있던 사병들이 외쳤다. "우린? 우리도 함께 넣어야지." 나폴레옹을 따르겠다는 외침이 곳곳에서 터져 나왔다. 사병들의 분위기를 전해 들은 나폴레옹은 고민에 빠졌다.

"그대들이 원한다면 나를 죽여라." 나폴레옹은 자기를 따르는 군인들에게 총을 내려놓으라고 말한 다음, 그로노블의 도로를 막고 있는 제7연대 병사들 앞으로 다가가 말했다. 한 방의 총소리에 나폴레옹의 목숨과 그의 역사가 영원히 사라질 수 있는 순간이었다.

사령관이 사격 명령을 내렸다. 하지만 아무도 총을 쏘지 않았다. 오히려 "황제 만세!"를 외치며 나폴레옹을 에워쌌다. 나폴레옹과 처음부터 그를 따르던 군인들, 그리고 그로노블의 군인들은 하나가 되어 파리로 진격하였다. 훗날 나폴레옹이 이날의 기억을 더듬었다.

"난 그로노블에 이르기까지 모험가였지만, 그로노블에서 나는 다시 왕이
    되었다."

나폴레옹은 엘바 섬을 탈출한 지 한 달 만에 국민들의 열렬한 환영을 받으며 파리에 도착했다. 빈 회의를 하고 있던 유럽의 여러 나라들은

아직도 전쟁이 끝나지 않았음을 깨닫고, 최후의 결전을 위해 벨기에 브뤼셀 근처 워털루에 군대를 집결시켰다.

6월 16일 드디어 워털루 전투가 벌어졌다. 하지만 나폴레옹의 군대는 연합군의 군대를 감당하지 못하고 이틀 후인 18일 4만 명의 희생자를 내고 패배하였다.

파리로 돌아온 나폴레옹에게 다시 한 번 싸우자고 주장하는 사람들도 있었지만, 의회는 나폴레옹의 권력을 빼앗아 버렸다. 6월 22일 나폴레옹은 황제 퇴위 문서에 서명하였다.

"나의 정치 생명은 끝났으며, 아들 나폴레옹 2세를 프랑스인의 황제로 선언하노라."

이로써 프랑스 국민에게 '대★프랑스'라는 영광과 독재정치라는 좌절을 선사한 나폴레옹의 시대는 끝났고, 그는 다시 세인트헬레나 섬으로 유배되어 생을 마쳤다.

* 1815년 2월 26일 '나폴레옹, 엘바 섬에서 탈출' 참조

618년 6월 18일

이연, 당나라 건국

618년 6월 18일 선비족 계열의 귀족 이연(李淵 : 566~635)은 수나라 말기 혼란상을 수습하면서 당(唐)나라를 건국하였다. 그리고 그는 황제가 되어 당 고조에 즉위하였다.

이연은 566년 서안에서 태어났다. 그의 집안은 조부인 이호 때부터 번성하기 시작하였다. 이연은 8세 때 아버지 이병이 죽자, 당국공(唐國公)의 자리를 계승하였다.

615년 이연은 태원에서 유수로 근무하였다. 이때는 양광의 고구려 원정과 토목공사가 절정을 달하던 때라, 많은 양민들이 처참히 죽어가고 있었다.

결국 617년 중국 각지에서 반란이 터지고, 이연 역시 반란에 가담, 봉기하였다. 이연은 수(隋) 나라 수도인 장안으로 들어가 양광을 제위에서 물러나게 하고, 황태손인 양유를 황제로 잇게 하였다. 그리고 자신은 수의 대승상이 되었다.

하지만 양광이 암살당하면서 황제인 양유에게 형식상의 선양을 받아 당나라를 건국하고, 황제의 자리에 올랐다.

건국 초기, 당나라는 돌궐의 막강한 군사력에 눌려 여러 차례 고전했으나 돌궐의 내분을 계기로 관계가 역전되었다. 이후 당 태종 이세민(李世民 : 599~649)은 돌궐을 정복하는 등 영토를 크게 넓혔다.

당나라는 잠시 쇠퇴했다가 현종(玄宗 : 685~762)이 즉위하면서 안으로는 민생안정을 꾀하고 밖으로는 국경지대 방비를 튼튼히 하면서 다시 전성기를 누렸다.

1940년 6월 18일

프랑스의 드 골, 자유프랑스군 조직

프랑스의 샤를 앙드레 조제프 드 골(Charles André Joseph Marie de Gaulle : 1890~1970)은 전쟁 영웅이자, 전후 프랑스의 자존심을 지킨 독립적인 외교 정책을 추진한 정치인으로 평가 받고 있다.

특히 그가 제2차 세계 대전 중에 주도하여 만든 자유프랑스군(FFL : Forces Francaises Libres)은 훗날 이런 평가를 받게 하는 데 큰 영향을 미쳤다.

1940년 6월 16일 프랑스 정부가 독일에 항복하자, 당시 육군 차관이었던 드 골은 6월 18일 망명지 영국 런던에서 라디오 방송을 통해 프랑스 국민에게 독일 나치점령군에 맞서 계속 항전할 것을 호소하였다. 그리고 자유프랑스군을 조직하여 연합군에 가담하는 한편 프랑스 내 레지스탕스 세력을 결집하였다.

그리하여 드 골의 이름은 독일과 싸우는 프랑스를 상징하게 되었다. 1944년 6월 드 골이 프랑스 공화국 임시정부의 총리가 되고 전쟁이 끝난 뒤 프랑스 대통령이 됨으로써, 자유프랑스군은 프랑스 공화국 정부의 모체가 되었다고 할 수 있다.

2010년에는 자유프랑스군을 조직한 지 70주년을 맞아 드 골의 정치적 상속자를 자처하는 정치인들의 경쟁이 뜨겁게 달아오르기도 하였다.

* 1969년 4월 28일 '샤를르 드 골, 프랑스 대통령직 사임' 참조

1979년 6월 18일

미국과 소련, 제2차 전략 무기 제한 협정 조인

미국 카터(Jimmy Carter : 1924~) 대통령과 소련 브레주네프(Leonid Ilyich Brezhnev : 1906~1982) 서기장이 1979년 6월 18일 오스트리아 빈에서 제2차 전략 무기 제한 협정SALT 2에 조인하였다.

1972년 5월에 모스크바에서 열린 미·소 정상회담에서 리처드 닉슨(Richard Milhous Nixon : 1913~1994) 대통령과 브레주네프 소련공산당 서기장 사이에 제1차 전략 무기 제한 협정SALT 1이 체결된 지 7년 만에 결실을 본 것이었다.

SALT 2는 대륙간 탄도 미사일ICBM과 다목적 유도 복수 탄두MIRV 미사일을 비롯한 각종 미사일의 수량을 제한하였고, 전략 폭격기 총수 제한 등의 내용을 담고 있다.

또한 두 나라는 군사위성을 통한 사진 촬영이 상대방의 협정 이행 여부를 확인하는 합법적 수단임을 인정하고 상대방의 감시를 방해하는 일을 하지 않기로 합의하였다.

이 조약의 유효 기간은 1985년 12월 31일까지로 설정되었다. 하지만 SALT 2 조인 이후 소련군의 쿠바 주둔과 1979년 12월 아프가니스탄 침공 문제로 미국 의회가 비준을 거부함으로써 팽팽한 긴장관계로 접어들었다.

1980년 로널드 레이건(Ronald Wilson Reagan : 1911~2004) 미국 대통

령에 의해 협상을 재개하며 이름을 전략 무기 감축 협상START으로 바꾸었다. 하지만 이 협상 또한 1983년 11월에 중단되었다.

* 1972년 5월 26일 '미국과 소련, 제1차 전략 무기 제한 협정 조인' 참조

6월의
모든 역사

6월 19일

■
·
■

325년 6월 19일

로마 황제 콘스탄티누스 1세,
콘스탄티노플에서 니케아 공의회를 개최하다

처음엔 공의회에 참석한 사람들이 어느 입장에 서 있지도 않았다.
그러나 '예수는 하나님의 피조물에 불과하다'는 아리우스파의 주장
에 대해 점차 반대하기 시작했다. 그에 따라 아리우스파는 파문 당
하고 「니케아 신조」가 채택되었다.

　수도를 동쪽 비잔티움으로 옮기고 콘스탄티노플이라고 이름을 바꾼 로마 황제 콘스탄티누스 1세(Constantinus I : 274~337)는 313년 크리스트교를 하나의 종교로서 인정하는 밀라노 칙령을 발표하였다.

　하지만 크리스트교 내부에서는 교리 문제로 분열이 이루어져 제국 통치에 문제가 되었다. 결국 325년 6월 19일, 황제는 콘스탄티노플에서 얼마 떨어지지 않은 니케아에서 세계 교회회의를 개최하였다. 회의에 참석한 교회의 감독 대표들에게 황제는 숙박과 식사를 제공하였다.

　이곳에서 가장 큰 문제가 된 것은 아타나시우스파와 아리우스파의 교리 문제였다. 318년 알렉산드리아의 교부인 아타나시우스(Athanasius : 295~373)는 성자인 예수와 성부인 하나님이 완전히 같다고 주장을 하였는데, 여기에 대해 아리우스(Arius : 250?~336?)는 성자는 성부보다 낮은 다른 존재라고 주장하였다. 결국 '예수는 하나님과 같은 존재인가 다른 존재인가?'에 대한 논란이었다.

　아리우스파를 대표한 아리우스 자신은 회의에 감독이 아니라는 이유로 참석하지 않았고 대신 니코메디아의 에우세비오스(Eusebios : 263?~339)가 참석하였다. 에우세비오스는 아리우스주의를 진리로 확신하고 회의에 참석한 사람들에게 설명하였다. 에우세비오스가 말한 예수는 아무리 고상한 피조물일지라도 결국 피조물에 불과하다는 것이었다.

　이에 대해 회의장 분위기는 반대였다. "거짓말이다." "이단이다."라고 감독들은 외쳤고, 그의 원고는 찢기고 발에 밟혔다. 결국 니케아 공의회에서 아리우스주의를 명확히 반론하는 「니케아 신조」가 채택되었다.

"우리는 전능하신 하나님 한 분을 믿는다. 그는 하늘과 땅을 창조하신 이요, 눈에 보이거나 보이지 않는 모든 사물들의 창조주이다. 우리는 또한 주 예수 그리스도를 믿으니 그는 하나님의 아들이시다. 그는 하나님의 본질로부터 출생하셨다. 그는 하나님으로부터 나온 하나님이시요, 빛으로부터 나온 빛이시며 …… 하나님과 같은 본질을 타고 태어나셨고, 하늘과 땅에 있는 모든 것이 그를 통하여 만들어졌고, 그는 우리의 구원을 위하여 땅으로 내려오셨노라. 하나님의 아들은 하나님과 다른 본질을 가졌고, 그는 창조되었다거나 변화될 수 있다고 주장하는 사람들을 가톨릭교회는 저주하노라."

「니케아 신조」가 채택되면서 4명의 아리우스파가 파문당했지만 이후로도 아리우스 논쟁은 깨끗이 정리되지는 않았다.

1975년 6월 19일

제1회 세계 여성 대회, 멕시코에서 개최

1975년 6월 19일 멕시코의 수도 멕시코시티에서 7,000여 명의 전 세계 여성들이 참가한 제1회 세계 여성 대회가 개최되었다.

제1회 대회라는 성격상 큰 성과가 나오기는 힘들었지만 여성들의 목소리를 한 곳으로 모을 수 있게 된 의미 있는 대회였다. 특히 여성을 부를 때 결혼 여부에 따라 성姓 앞에 사용하는 '미스Miss'나 '미세스Mrs.'라는 호칭 대신 결혼 여부와 상관없이 '미즈Ms'로 통일하자는 제안이 받아들여졌다. 이후 국제사회에서도 이 호칭을 사용하게 되었다.

하지만 개최국 대표로 대회 의장을 맡았던 멕시코의 대표가 남성이었으며, 여러 대표들의 의견이 나라 사정에 따라 너무 차이를 보인다는 문제점을 드러냈다.

이후 세계 여성 대회는 1980년 덴마크 코펜하겐에서 제2회, 1985년 케냐 나이로비에서 제3회, 1995년 중국 베이징에서 제4회 대회가 열렸다.

* 1910년 3월 8일 '세계 여성의 날 선언' 참조

1858년 6월 19일

미국과 일본, 수호 통상조약 체결

1854년에 일본은 미국과 화친 조약을 맺었다. 그에 따라 1858년 6월 19일 미국과 일본 간에 수호 통상조약을 체결했다.

하지만 이 조약은 미국 공사의 에도 주재와 영사의 개항장 주재, 재류 외국인에 대한 영사 재판권의 인정, 협정관세 채택 등을 포함하였기 때문에 일본에게 불리한 불평등 조약이었다.

이후 일본은 네덜란드, 러시아, 영국, 프랑스 등 서양 열강들과 통상 조약을 맺었다.

하지만 이것이 막부의 무능에 대한 불만으로 이어져 막부 통치에 불만을 품고 있던 하급 무사들의 반발을 사게 되었다.

* 1854년 3월 3일 '미국과 일본, 화친 조약 체결' 참조

1893년 6월 19일

에밀 졸라, 『루공마카르 총서』 완결

프랑스 작가 에밀 졸라(Émile Francois Zola : 1840~1902)는 1868년경 『루공가의 운명』을 시작으로 하여 『루공마카르 총서Le Rougon-Macquart』를 간행하기 시작하였다.

이 총서는 총 20권의 소설로 구성되어 있으며 자연주의 문학의 절정을 이룬 졸라의 작품이 총망라되어 있다.

『목로주점』『나나』『제르미날』 같은 작품이 들어갔으며, 1893년 6월 19일『의사 빠스깔』로 완결되었다.

「제2 제정하 한 가족의 자연적 · 사회적 역사」란 부제가 붙어 있는 『루공마카르 총서』는 19세기 후반의 사회사社會史를 이해하는 데 귀중한 자료로 평가 받고 있다.

6월의
모든 역사

6월 20일

1923년 6월 20일

멕시코 혁명 지도자 판초 비야가 암살 당하다

병정들이 전진한다 이 마을 저 마을 지나
소꿉놀이 어린이들 뛰어와서 쳐다보며
싱글벙글 웃는 얼굴 병정들도 싱글벙글
라쿠카라차 라쿠카라차 달이 떠올라 오면
라쿠카라차 라쿠카라차 그립다 그 얼굴

-「라쿠카라차」

앞에 나온 노래는 멕시코 민요 「라쿠카라차」의 일부분이다. 이 민요의 원곡 앞부분은 "Una cosa me da risa, Pancho Villa sin camisa……." 로, 여기서 나오는 판초 비야(Pancho Villa : 1878~1923)는 멕시코 정부군에 대항하여 반군을 이끌던 사람이다.

판초 비야는 1878년 6월 5일 멕시코 북부 두랑고 주 리오그란데에서 태어났다. 본명은 도로테오 아랑고이다. 그의 부모는 가난한 농장 노동자였다.

그는 일찍 부모를 여의고 누나와 함께 살고 있었는데, 어느 날 농장 주인이 누나를 강간하는 사건이 벌어졌다. 비야는 누나를 욕보인 농장 주인을 살해하고 이후 광산에서 일하거나 산적 떼에 들어가 도적질을 하였다. 하지만 훔친 돈과 물건을 가난한 사람들에게 나누어줌으로써 신망을 얻어 조직을 이끄는 우두머리가 되었다.

1910년부터 1911년까지는 독재자 포르피리오 디아스 모리(José de la Cruz Porfirio Díaz Mori : 1830~1915)를 타도하려는 프란시스코 마데로(Francisco Madero : 1873~1913)의 혁명에 자신이 이끌던 게릴라 세력과 함께 참여하였다. 비야는 강한 카리스마와 연이은 승리로 멕시코 북부 지역을 평정하면서 멕시코 민중의 영웅으로 부각되었다.

비야는 혁명이 성공하자, 민간인으로 돌아가 토지 재분배와 경제 살리기에 주력하였다. 하지만 1913년 파스쿠알 오로스코(Pascual Orozco Vazquez : 1882~1915)에 의해 반反혁명이 일어나자 농부들을 모아 혁명군을 만들었다.

1913년부터 1914년에는 마데로를 암살하고 정권을 잡은 빅토리아노 우에르타(José Victoriano Huerta Márquez : 1850~1916)를 축출하기 위하여 베누스티아노 카란사(Venustiano Carranza : 1859~1920)와 연합하였으며, 그들과 함께 제2차 혁명을 승리로 이끌었다.

하지만 1914년 카란사와 결별하고, 이에 대한 보복으로 뉴멕시코 주에 있는 콜럼버스를 습격하였다. 그를 잡기 위해 수천 명의 병력이 파견되었으나 실패하였다.

1920년 카란사가 암살되고 다시 우에르타가 멕시코 임시 대통령에 오르자 그는 혁명군으로서의 삶에서 은퇴하였다. 하지만 1923년 6월 20일 파랄에서 정적에게 암살 당하였다.

멕시코 북부에서 그는 로빈 후드에 비유되기도 하며, 그와 관련된 많은 우화 같은 이야기들이 전해 오고 있다.

한편「라쿠카라차」에서 쿠카라차cucaracha는 스페인어로 '바퀴벌레'를 말하며 비야를 탄압하는 카란사 세력을 비유적으로 가리키는 뜻으로 쓰이고 있다.

1968년 6월 20일

미국의 짐 하인스,
육상 100m 경기에서 마의 10초벽 돌파

미국 육상 대표로 나선 로버트 헤이즈는 1983년 100m 경기에서 9초 93의 기록으로 마魔의 10초벽을 깨트렸지만 이 기록은 강한 바람으로 인정받지 못하였다.

육상 100m 경기는 바람의 평균 초속이 2m 이내일 때만 기록이 인정된다. 마의 10초벽이 무너진 것은 전미 육상선수권대회가 열린 1968년

6월 20일이었다.

준결승전 1 · 2조 경기에 출전한 짐 하인스, 찰리 스미스, 존 그린 세 사람은 거의 동시에 결승선을 통과했고, 모두 10초 이내에 들어왔다.

수동시계로 잰 하인스의 공식 기록은 9초 95였다. 마의 벽이 무너지 자 경기 관계자들은 혹시 트랙의 길이가 잘못 되었는지 살펴보려고 트 랙을 재보았다. 하지만 길이는 오히려 10cm가 더 늘어난 100m 10cm였 다. 그러나 이 기록은 강한 바람 때문에 공식적으로 인정받지는 못했다.

짐 하인스(Jim Ray Hines : 1946~)는 4개월 뒤 열린 멕시코 올림픽에서 다시 9초 95를 기록함으로써 명실공히 세계에서 가장 빠른 사나이임을 입증하였다.

이후 캐나다의 벤 존슨(Ben Johnson : 1961~)이 1987년 로마 육상선수 권대회에서 9초 84를 기록하면서 20여 년 만에 9초 9대의 기록을 깨뜨 렸다.

현재 100m 최고 기록은 자메이카의 아사파 포웰(Asafa Powell : 1982~) 과 미국의 저스틴 게이틀린(Justin Gatlin : 1982~)이 세운 9초 77이다.

스포츠 과학자들은 2020년에는 9초 50을 돌파할 수 있을 것이라고 전망하고 있다.

1789년 6월 20일

프랑스 국민의회, 프랑스 혁명의 서막을 알린 테니스 코트 선서를 하다

"국민의회는 헌법을 제정하고 사회의 질서를 회복시킬 때까지 결코 절대로 해산하지 않을 것이며 필요에 따라 아무 때나 아무 곳에서 소집할 수 있다. 가서 왕에게 전하라."

1789년 6월 17일 제3신분의 대표들이 모여 국민의회를 결성하고 그들에게 불리한 신분별 투표를 거부하였다. 이에 루이 16세는 삼부회 휴회 기간 중 국민의회가 사용하고 있는 의사당을 폐쇄하였다.

의원들은 할 수 없이 체육실 겸 테니스 코트에 모여 선서를 하며 제3신분의 결의를 표시하였다.

테니스 코트의 선서는 프랑스의 절대왕권을 무너뜨리고 새로운 시대를 연 프랑스혁명의 출발점이었다.

선서 3일 후 왕의 사신이 해산을 요구하자, 귀족으로서 제3신분의 대표였던 미라보(Honoré Mirabeau : 1749~1791)는 "우리는 국민의 대표이며 창끝으로 밀어내기 전까지는 해산하지 않겠다."고 말하였다.

이 말을 들은 왕은 "그들이 남고 싶다면 남을 수밖에 없지."라고 중얼거렸다. 왕은 헌법을 만드는 의회를 승인하였지만, 군대를 동원하여 의회를 해산하려는 계획을 세우고 있었다.

* 1789년 6월 17일 '프랑스의 제3신분, 국민의회 결성' 참조

―

1597년 6월 20일

네덜란드 탐험가 바렌츠 익사

―

러시아 북서부 해안과 노르웨이 북단 사이 해역을 바렌츠 해海라고 부른다. 16세기의 네덜란드 항해가 빌렘 바렌츠(Willem Barrents, 1550~1597)의 이름을 따서 명명한 것이다.

바렌츠는 세 차례의 항해를 통해 유럽에서 아시아로 가는 북동항로를 조사하였다. 1594년과 1595년 두 차례 항해에서 바렌츠는 노바야 젬랴Novaya Zemlya 군도에 이르렀고, 세 번째 항해에서는 스피츠베르겐 Spitsbergen을 발견했다.

하지만 1596년 여름, 바렌츠는 교역로를 찾기 위해 북극해에 진입했다가 빙하에 갇히고 말았다. 이곳에서 그는 선원들과 함께 배의 갑판을 뜯어 집을 짓고 영하 40도의 혹독한 추위를 견뎌내며 겨울을 보냈다.

그러나 1597년 6월 20일 작은 배 두 척에 나눠 타고 본토로 돌아오는 도중 바렌츠는 바다에 빠져 사망하였다.

―

1963년 6월 20일

미국과 소련, 직통전화 협정 조인

―

1962년에 발생한 쿠바 미사일 위기로 제3차 세계 대전의 가능성이 짙어졌다. 이에 미국과 소련은 전쟁을 미리 막기 위한 긴급 의사소통 수단이 절실히 필요하였다.

그래서 1963년 6월 20일 '직통통신hot line 연락선 설치에 관한 미 · 소 각서'에 조인하고 미국 워싱턴 D. C.의 백악관과 소련 모스크바의 크렘린 궁 사이에 직통전화를 설치하였다.

처음에는 유선과 무선 2개의 동시 송수신 전신회로만 설치되었다. 1967년 6월 중동전쟁 때 소련은 이 통신선을 이용하여 미국에 평화를 위한 협력을 요청하였다.

이후 1971년 9월 인공위성 통신조직을 도입하였으며, 1984년 7월에는 팩스 장치가 더해졌다.

6월의
모든 역사

6월 21일

■
·
■

1582년 6월 21일

일본 전국시대를 통일한
오다 노부나가가 살해 당하다

"호토토기스(두견새)여! 울지 않으면, 목숨을 거두리."

-오다 노부나가

1467년 오닌應仁의 난으로 무로마치 막부의 권위는 크게 떨어졌고 전국시대戰國時代가 시작되었다. 무사들은 서로를 믿지 못하였고 밤에는 칼을 끌어안고 잤다. 오다 노부나가(織田信長 : 1534~1582)는 이 시대에 가장 알맞은 무사였다.

오다는 나고야 부근 오와리국尾張國 태수의 아들로 태어나 1549년에 자리를 물려받았다. 그는 오와리국 근처에 있는 다이묘인 도쿠가와 이에야스(德川家康 : 1543~1616)를 부하로 끌어들였다. 1560년에는 도카이東海 제일의 다이묘인 요시모토를 물리치면서 전국시대의 영웅으로 떠오르기 시작하였다.

8년 후 오다는 교토로 들어가 쇼군 아시카가 요시히데(足利義榮 : 1538~1568)를 끌어내리고 아시카가 요시아키(足利義昭 : 1537~1597)를 쇼군으로 삼았다.

1571년 오다는 자신을 반대하는 교토 남쪽의 큰 절인 엔랴쿠사를 불태워 버렸다. 이들과 세력을 잡고 있었던 쇼군은 오다를 죽이기 위해 쳐들어갔으나 오히려 제압 당하였고, 이에 오다는 무로마치 막부를 멸망시켰다. 그리고 1575년 다케다 세력을, 1579년에는 혼간사本願寺마저 정복하고 100여 년 동안 이어진 전국시대를 끝냈다.

하지만 1582년 6월 21일 그는 혼노사本能寺에서 부하에게 살해되어, 완전한 일본 열도 통일은 도요토미 히데요시(豊田秀吉 : 1536~1598)의 몫으로 돌아갔다.

히데요시는 "두견새가 울지 않으면 울도록 만들겠다."고 말하던 인물이었다. 오다가 평소에 즐겨 불렀던 가요가 있다. 아마 언제 목숨을 잃을지 모르는 시대에 살면서 불안한 마음을 달래기 위해 부른 것으로 보인다.

"인간사 오십 년, 천하와 비교하면 꿈과 같구나. 한 번 생을 얻은 자 그 누
군들 영원하리오."

* 1473년 6월 6일 '오닌의 난을 일으킨 호소카와 가쓰모토 암살 당하다' 참조

1900년 6월 21일

청나라 서태후, 의화단 운동을 계기로
서양 제국에 선전포고를 하다

1899년 3월에도 여전히 비가 없고 질병이 유행하였다. 권비拳匪는 요상한
말을 만들었으니, '서양인들을 몰아내면 비가 내리고 재난이 사라질 것이
다.'고 하였다.

-천진 권비 변란 기사

권비는 무예의 일종인 권술拳術, 즉 의화권義和拳을 익히고, 주문을 외
면 칼이나 철포에도 상처를 입지 않는다고 믿었던 집단이다. 의화단義和
團이라고도 한다.

이들은 청나라 중기부터 백련교의 일파에서 성장하여, 말기에는 중
국 정세의 불안과 외국 상품 수입으로 발생한 농민의 몰락을 바탕으로
큰 세력을 만들었다.

황실의 서태후(西太后 : 1835~1908) 세력은 이들을 이용하여 양무운
동을 펼치는 개혁 세력과 서양 세력에 맞서려고 하였다.

의화단은 '부청멸양扶淸滅洋', 즉 청 황실을 받들고 서양세력을 물리친

다는 주장을 하면서 그리스도교도를 살해하고 교회를 불태우기도 하였
다. 한때 베이징뿐만 아니라 중국 전역을 휩쓸었고 외국 공관을 공격하
기도 하였다.

　이들의 지지를 얻은 서태후는 1900년 6월 21일 각국의 외교관들에
게 24시간 안에 물러나라고 선전포고를 하였다.

　그러나 의화단 운동은 영국 · 프랑스 · 미국 등이 출동시킨 군대와 양
무파의 협력으로 실패하였고, 1901년 신축조약辛丑條約이 성립되었다.

—

1936년 6월 21일

미국의 소설가 마가렛 미첼,
『바람과 함께 사라지다』 출간

—

"내일은 내일의 태양이 떠오를 테니까!"

-영화 「바람과 함께 사라지다」

　마가렛 미첼(Margaret Munnerlyn Mitchell : 1900~1949)은 1900년 조지
아 주 애틀랜타에서 태어났다. 그녀는 역사학자였던 아버지의 영향으
로 어려서부터 남북전쟁 때의 일화를 들으면서 성장하였다.

　이후 미첼은 매사추세츠 주의 스미스칼리지에 잠시 다녔으나, 어머
니의 사망으로 귀향하였다.

　결혼 직후인 1926년부터 미첼은 본격적으로『바람과 함께 사라지
다』를 집필하기 시작하여 1936년 6월 21일 출간하였다.

　『바람과 함께 사라지다』는 남북 전쟁의 패배와 노예해방으로 부와

명예를 잃어버린 남부 대지주 집안의 딸 스칼렛 오하라의 삶을 통해 고
난 속에서도 강인해지고 성숙해 가는 여인의 모습을 서사적으로 잘 그
려냈다는 호평을 받았다.

그래서 출간된 그해에만 100만 부 이상이 팔렸고, 1937년에는 퓰리
처상을 받았다. 『바람과 함께 사라지다』는 영화로도 제작되어 아카데
미 작품상을 비롯하여 8개 오스카상을 수상하였다.

미첼은 자동차 사고로 1949년 사망하였다.

6월의
모든 역사

6월 22일

.
.
.

1633년 6월 22일

갈릴레오 갈릴레이, 지동설을 철회하다

"어찌하여 그대는 타인의 보고만 믿고 자기 눈으로 관찰하거나 보려고 하지 않는가."

-갈릴레오 갈릴레이

1633년 6월 22일 이탈리아의 물리학자이자 천문학자였던 갈릴레오 갈릴레이(Galileo Galilei : 1564~1642)가 종교재판에 회부되어 교황청의 압력으로 인해 지동설을 철회하였다.

갈릴레이는 1564년 항구도시 피렌체에서 음악가인 빈센치오 갈릴레이의 아들로 태어났다. 갈릴레이는 아버지의 바람대로 의사가 되기 위해 1581년에 피사 대학교 의학부에 들어갔으나, 곧 그만두고 적성대로 수학과 물리학을 공부하였다.

1585년에는 가족이 있는 피렌체로 돌아가 오스틸리오 리치에게 수학과 과학을 배웠다. 1589년에 피사 대학교의 수학 강사가 되었으며, 이후 베네치아 공화국의 파도바 대학 교수가 되었다.

거기서 유클리드기하학과 천동설天動說을 주장한 프톨레마이오스(Klaudios Ptolemaeos : 100~178)의 천문학을 가르쳤다. 또한 축성술, 기계공작 관련 문제를 연구하다가 관성의 법칙을 발견하였다. 그리고 이 시기에 『간단한 군사기술 입문』 『천구론天球論 또는 우주지宇宙誌』 『축성론築城論』 『기계학』을 집필하였다.

1609년에는 네덜란드에서 망원경이 발명되었다는 소식을 듣고, 망원경을 손수 개량해 천체 관측에 처음으로 사용하였다. 그리고 그는 이 망원경으로 여러 천체에 대하여 획기적인 관측을 하였다. 특히 목성의 위성 관측은 니콜라우스 코페르니쿠스(Nicolaus Copernicus : 1473~1543)의 지동설을 증명해 주는 것이었다. 갈릴레이는 자신이 발견한 사실을 그의 친구였던 독일 천문학자 케플러(Johannes Kepler : 1571~1630)에게 써 보냈다.

1610년에는 피렌체 공국 코시모 2세의 초청을 받아 궁정 소속의 수학자가 되었다. 1612년과 1613년에는 태양흑점 발견자의 명예와 그 실체의 구명究明을 둘러싸고 예수회 수도사인 크리스토퍼 샤이너와 논쟁을 벌여, 그 내용을 『태양흑점에 관한 서한』에 발표하였다.

이 무렵부터 갈릴레이는 자신의 천문 관측 결과에 입각해 코페르니쿠스의 지동설에 대한 믿음을 굳혔는데, 이것이 로마교황청의 눈엣가시가 되기 시작하였다. 갈릴레이는 성서와 지동설과의 모순성에 대해 지인들에게 자신의 생각을 써 보냈는데, 이 때문에 로마의 이단 심문소로부터 1차 재판을 받게 되었다. 그 결과, 그는 지동설에 대해 함구하도록 경고를 받았다.

하지만 갈릴레이는 1618년 나타난 3개의 혜성에 대한 본성을 둘러싸고 심한 논쟁이 벌어지자, 그 경과를 1623년 『황금계량자』라는 책으로 발표하였다.

이 책에서 갈릴레이는 지동설과 천동설의 문제를 직접 언급하지는 않았지만 천동설을 주장하는 측의 오류를 예리하게 지적해 놓았다. 또한 '우주는 수학 문자로 쓰인 책'이라는 유명한 말을 기록해 놓음으로써 자신의 자연과학관을 담대하게 주장하였다.

그 후 숙원이었던 『프톨레마이오스와 코페르니쿠스의 2대 세계 체계에 관한 대화Dialogo sopra i due massimi sistemi del mondo, tolemaico e copernicaon』 집필에 힘써, 제1차 재판의 경고에 저촉되지 않는 형식으로 지동설을 확립하고자 하였다. 그는 교황청 도서 검열계로부터 코페르니쿠스의 지동설을 가설로만 서술한다면 출판해도 좋다는 허가를 받았다. 이렇게 해서 1632년 2월에 『프톨레마이오스와 코페르니쿠스의 2대 세계 체계에 관한 대화』를 출판하게 되었다.

이 책에서 갈릴레이는 표면상 천동설을 지지하면서도 실질적으로는 지동설을 주장하고 있었다. 이 때문에 그해 7월, 교황청에 의해 이 책은 금서 목록에 올랐다. 또한 갈릴레이는 로마의 이단 심문소의 명령으로 1633년 1월에 로마로 소환되었다.

4월부터 갈릴레이는 심문관으로부터 몇 차례의 신문을 받고, 몇 가지 잘못이 있었음을 인정하였다. 결국 6월에 갈릴레이는 종신 금고형이라는 최종 판결을 받았다.

그리고 6월 22일 갈릴레이는 그것을 받아들여 앞으로는 절대로 이단 행위를 않겠다고 서약하였다. 종교재판에서는 천동설이 옳다고 자백했지만, 갈릴레이는 '그래도 지구는 돈다.'라는 유명한 말을 남기며 쓸쓸히 재판장을 나와야 하였다.

이 재판을 받았을 때 갈릴레이의 나이는 70세였다. 그는 남은 생을 엄중한 감시하에 피렌체 교외의 자택에서 고독하게 보냈다. 하지만 이 와중에도 그는 『신과학 대화』라는 책을 써서 출판이 자유로웠던 네덜란드에서 1638년 출간하였다.

그러나 그해 갈릴레이는 장기간 무리한 망원경 관측으로 인해 실명하였고, 1642년 '진공의 연구'로 유명한 제자 토리첼리(Evangelista Torricelli : 1608~1647) 곁에서 세상을 떠났다.

갈릴레이가 죽은 후 로마교황청에서는 공식적으로 장례를 지내는 것과, 묘비를 세우는 것을 금지하였다. 그러나 로마교황청은 10여 년간 특별재심과학위원회을 열어 1633년 6월 22일 종교재판에 대해 재검토한 결과, 자신들의 과오를 인정하였다.

1992년 10월 31일, 교황 요한 바오로 2세(Joannes Paulus Ⅱ : 1920~2005)는 지동설을 주장한 갈릴레오 갈릴레이에 대한 중세의 종교재판이 오류였음을 인정하며 공식 복권시켰다.

* 1564년 2월 15일 '이탈리아 과학자 갈릴레오 갈릴레이 출생' 참조

1941년 6월 22일

독일, 소련 침공

"오늘 나는 선언한다. 동방의 적, 소련은 타도되었으며 두 번 다시 일어나는 일은 결코 없을 것이다."

10월 3일, 히틀러는 독일 국민에게 연설하였다. 하지만 이건 착각이었다.

1939년 독일 나치당의 아돌프 히틀러(Adolf Hitler : 1889~1945)는 폴란드 침공을 시작으로, 신속한 기갑부대를 앞세워 유럽 각국을 침략했고 점령국을 확장해 갔다.

마침내 유럽 문화의 수도 파리를 점령하고 프랑스의 항복을 받아낸 히틀러는 의기양양해져서 영국 공습까지 감행하였다. 하지만 히틀러의 진짜 목표는 소련이었다.

독일과 소련은 상호 불가침조약인 '몰로토프-리벤트로프 조약'을 맺어 서로 공격하지 않기로 하였다. 하지만 발칸 문제로 관계가 멀어지면서, 독일은 1941년 6월 22일 바르바로사 작전을 수립해 180만의 대병력을 투입하는 선제공격을 가하면서 소련을 침공하였다.

히틀러의 목표는 공산주의자의 제거와 더불어 소련 남부 우크라이나의 곡창지대와 돈 강 일대의 산업지대, 유전이 있는 카프카스 지역으로 진출해 경제적 자원을 확보하는 것이었다.

히틀러의 계획에 따르면 소련의 주력부대를 2개월 내에 무찌르고 우

크라이나와 카프카스 지방을 얻기로 되어 있었다.

하지만 전세는 여름까지만 독일에 유리하였다. 나폴레옹을 진저리치게 만들었던 춥고 긴 소련의 겨울 앞에 히틀러의 독일군 역시 무력했던 것이다.

가을철 폭우로 노면이 진흙탕이 되자 전차를 앞세운 독일군의 기동성은 떨어졌고, 영하 40도까지 내려가는 혹한의 기후 앞에 전력은 쇠퇴해갔다. 병력 분산과 보급품 수송의 어려움, 다른 전선에서의 변수 등으로 인해 결국 바르바로사 작전은 실패하였다.

오히려 1942년 스탈린그라드 전투 이후 전세는 역전되었으며, 이는 이후 나치 독일의 패배 원인이 되었다.

—

1981년 6월 22일

이란 호메이니, 바니 사드르 대통령 해임

—

1981년 6월 22일 이란의 종교지도자 아야톨라 루홀라 호메이(Ayatollah Ruhollah Khomeini : 1902~1989)가 바니 사드르(Abol Hassan Bani Sadr : 1933~) 대통령을 전격 해임하였다.

호메이니의 해임 선언은 정치적 매장과 함께 신변 불안을 의미하는 것이었다. 결국 사드르는 7월 29일 프랑스로 망명해야만 하였다.

1980년 1월 바니 사드르는 호메이니의 전폭적인 신뢰로 이란 대통령으로 선출된 바 있다. 하지만 1981년 3월 5일 강경파인 회교혁명평의회IRP가 온건파인 사드르가 연설하는 것을 방해하도록 소란을 피우자 사드르 지지파와 강경파 간에 충돌 사건이 발생, 다수의 사상자가 발생하였다.

마침 사법부, 행정부, 입법부를 강경파가 장악하고 있었는데 이들이 총동원돼 사드르를 공격하기 시작하였다. 이에 사드르는 사태가 자신에게 불리하다고 판단, 은신에 들어갔다.

6월 20일 혁명검찰부는 체포령을 내렸고 호메이니는 6월 22일 IRP와의 권력 투쟁에서 패한 사드르를 대통령직에서 해임한 것이다.

1675년 6월 22일

영국, 그리니치 왕립 천문대 설립

영국의 찰스 2세(Charles Ⅱ : 1630~1685)는 천문학 연구와 경도經度 문제 해결을 위해 런던 교외에 있는 그리니치 공원에 왕립 천문대를 설립하도록 명령하였다.

그리니치 왕립 천문대

이에 영국을 대표하는 건축가이자 천문학자인 크리스토퍼 렌 경의 디자인으로 그리니치 왕립 천문대Greenwich Royal Observatory를 1675년 6월 22일 완공하였다. 왕립 천문대의 초대 대장으로는 왕실 천문학자였던 존 플램스티드(John Flamsteed : 1646~1719)가 임명되었다.

그 후 그리니치 왕립 천문대는 태양 · 달 · 행성 · 항성의 위치 관측에 주력하여 많은 공적을 남겼고, 1884년 워싱턴국제회의에서 이 천문대 자오환子午環을 지나는 자오선을 본초자오선으로 지정하여, 경도의 원점으로 삼았다.

하지만 1930년대에 와서 스모그와 먼지 · 고층건물 · 네온사인 등의 외부적인 영향으로 그리니치 박물관에서는 더 이상 천체 관측이 불가능하게 되었다. 그에 따라 1948년 잉글랜드 남동부에 위치하고 있는 서섹스의 허스트먼수 성으로 자리를 옮겼다. 그리고 그리니치 공원의 구舊왕립 천문대는 국립해양박물관의 한편을 차지하였다.

1970년에는 다시 카나리아제도의 라팔마스로 옮겨 관측 업무를 수행하였고, 1990년에 천문대 본부를 케임브리지로 옮겼다. 그러나 그리니치 천문대라는 명칭은 계속해서 사용하고 있다.

6월의
모든 역사

6월 23일

■
■
■

1758년 6월 23일

영국, 프랑스를 독일의 크레펠트에서 물리치다

크레펠트는 독일 서부 노르트라인베스트팔렌 주에 있는 도시로서 라인 강 연안에 위치한다. 뒤셀도르프 · 뒤스부르크 등과 인접해 있다.

크레펠트는 1600년 네덜란드 오랑주 공국에 속했다가 1702년 윌리엄 3세의 죽음 이후 프로이센 왕국에 넘어갔다. 1648년 30년 전쟁 종결 이후 발전하기 시작하여 인구가 급속히 늘어났다.

19세기 후반에는 산업과 교통의 발달로 더욱 발전했으며, 부근 도시와 마을을 합병하여 라인 강 유역의 주요 항구도시가 되었다. 1929년 인근 도시 위어딩겐을 합병하여 크레펠트위어딩겐이라 하다가 1940년부터 위어딩겐을 빼고 크레펠트로 불리고 있다.

여왕 마리아 테레지아(Maria Theresia : 1717~1780)의 왕위 계승을 둘러싸고 1740년부터 1748년에 걸쳐 오스트리아는 프로이센과 전쟁을 벌였다. 하지만 오스트리아는 이 전쟁에서 프로이센에게 패배해 독일 동부의 비옥한 슐레지엔을 빼앗겼다.

오스트리아는 그곳을 되찾기 위해 1756년부터 1763년까지 전쟁을 벌이게 되는데, 이를 7년 전쟁이라고 부른다.

이 전쟁에는 유럽의 거의 모든 열강이 참여하였다. 유럽뿐 아니라 그들의 식민지가 있던 아메리카와 인도에까지 퍼진 대규모 전쟁이었다. 주로 오스트리아-프랑스-작센-스웨덴-러시아가 동맹을 맺어 프로이센-하노버-영국의 연합에 맞섰다. 유럽에서 벌어진 전쟁은 포메라니안 전쟁, 아메리카 대륙에서 벌어진 전쟁은 프렌치-인디언 전쟁이라 불렸다.

그중에서 1758년 6월 23일 독일 서부 노르트라인베스트팔렌 주에 있는 크레펠트에서 프로이센-하노버 연합군과 프랑스군 사이에 전쟁이 벌어지는데, 이를 크레펠트 전쟁이라 부른다.

브룬스비크의 공작 페르디난트가 지휘하는 하노버 군대는 라인 강을 넘어 강 좌안에 진입하여 프랑스의 국경을 위협하는 위치를 장악하였다. 이에 프랑스군을 지휘하는 클레르몽은 동과 서로 흐르는 장벽이 쳐진 운하의 남쪽에 방어선을 쳐서 페르디난트 군대의 진군을 저지하려 하였다. 장벽이 쳐진 운하는 일종의 자연적인 요새 역할을 하였고, 클레르몽은 이를 이용해 좀 더 쉽게 방어 전략을 짤 수 있었다.

하지만 페르디난트는 프랑스군의 우익을 공격하려는 것처럼 속인 후에 수풀이 우거진 지역으로 우회하였다. 그리고 프랑스군의 시야가 닿지 않는 곳에서 운하를 넘어 클레르몽의 좌익을 공략하였다. 막 점심을 먹으려 하던 클레르몽은 지원군을 보내는 타이밍을 놓쳐 버렸고, 그 결과 프랑스군의 좌익은 붕괴되었다.

다급해진 클레르몽은 프랑스의 국방장관 벨르 이슬 백작의 외아들 기소르 백작에게 기병대를 이끌고 돌격하도록 명령하였다. 하지만 기소르마저 치명적인 부상을 당해 이것 또한 실패하였다.

이런 절망적인 상황에서도 프랑스군의 좌익을 지휘한 생 제르망 백작은 적의 공격에 충분한 방어태세를 갖추는 데 성공하여 완전히 궤멸당하는 것을 막을 수 있었다. 그래서 프랑스군이 상대적으로 양호한 상태에서 퇴각할 수 있었던 것이 그나마 다행이었다.

클레르몽은 클레페트 전쟁 패배의 책임을 지고 자신의 지휘권을 다른 사람에게 이양해 주길 청하였고, 그의 요청은 받아들여졌다. 클레르몽의 지휘권은 콩타느 원수에게 이양되었다.

결국 이 전쟁에서 영국의 지원을 받은 프로이센이 최종적으로 승리를 거두어 슐레지엔의 영유권을 계속 확보하였다.

그리고 식민지 전쟁에서는 영국이 주요 승리를 거두어 북아메리카의 뉴프랑스(현재의 퀘벡 주와 온타리오 주)를 차지하여 북아메리카에서 프랑스 세력을 몰아내었다. 또한 인도에서도 프랑스 세력을 몰아내어 대영제국의 기초를 닦았다.

—

1940년 6월 23일

독일의 히틀러, 점령지 프랑스 파리를 방문하다

—

"파리를 보는 것은 내 일생의 꿈이었어. 지금 그것을 이루어 얼마나 행복
한지 몰라."

-아돌프 히틀러

독일군의 진격 작전에 10여 일 만에 무너진 프랑스는 파리에서 북동
쪽으로 70km 떨어진 콩피에뉴 숲에서 1940년 6월 22일 독일과 휴전협
정을 맺었다. 말이 휴전이지 사실상 항복이었다.

이곳은 1918년 독일과 프랑스 간에 제1차 세계 대전 휴전협정이 맺
어진 곳이기도 하였다. 하지만 그때는 독일이 패배하였다. 히틀러는 22
년 만에 같은 장소에서 프랑스에 복수를 한 것이었다.

히틀러는 휴전협정이 끝나자마자 다음날인 23일 새벽 5시 30분 파리
를 방문하였다. 히틀러는 파리 오페라 하우스, 샹젤리제, 개선문 그리고
에펠탑을 구경하였다. 그는 이어 나폴레옹의 무덤과 몽마르트에 있는
사르레 쾨르 성당을 방문하고는 3시간 만에 파리를 떠났다.

이 날은 프랑스 국민에게는 치욕의 날이었지만, 히틀러에게는 최고
의 날이었다. 하지만 1944년 6월 6일 연합군은 노르망디 상륙작전에
성공하며 독일군을 밀어내기 시작하였다.

히틀러는 제2차 세계 대전에서 패전을 예감하였다. 그래서 파리 주
둔 독일군 사령관인 디히트리 폰 콜티츠에게 "파리에서 후퇴할 때 도
시의 모든 기념물과 주요 건물을 하나도 남김없이 폭파하시오."라고

지시하였다.

하지만 콜티츠는 명령을 따르지 않았다. 같은 해 8월 23일 히틀러가 콜티츠에게 직접 전화를 해 "파리는 불타고 있는가?"라고 물었다. 콜티츠는 그렇다고 허위 보고를 하였다.

* 1944년 6월 6일 '연합군, 노르망디 상륙작전을 개시하다' 참조

1945년 6월 23일

미군 총공격에 일본 오키나와 수비대 전멸

제2차 세계 대전이 막바지에 이른 1945년 6월 23일, 미군이 오키나와 섬을 지키던 일본 수비대를 전멸시켰다.

1945년 4월 1일, 미군은 일본 본토 진격 작전을 위한 교두보 확보를 위해 오키나와 상륙작전을 개시하였다. 미군은 시몬 볼리바르 버크너 주니어(Simon Bolivar Buckner Jr : 1886~1945) 중장의 지휘 아래 수백 척의 상륙선을 타고 오키나와에 상륙, 2개의 비행장을 점령하였다. 투입된 병력만도 18만 3,000명에 달하였다.

이에 일본은 사령관 우시지마 미쓰루(牛島滿 : 1887~1945) 중장을 중심으로 결사항전의 태세를 갖추고 있었다. 일본군은 오키나와 수비대 주력부대인 제32군에 소속된 병사 약 8만여 명을 동원해 총공격으로 비행장 탈환을 시도했지만 오히려 미군에 밀려 성과를 거두지 못하였다.

4월 5일부터 일본군 사령부가 자리 잡고 있는 슈리首里 성의 동굴 진지에서 미군과 일본군 사이에 치열한 교전이 시작되었다. 미군은 동굴

참호를 수류탄과 화염방사기로 제압하였고, 일본군은 격렬한 저항을 함으로써 양측에서 무수한 사상자가 발생하였다. 처참한 백병전 끝에 미군은 5월 29일 슈리 성을 함락시켰고, 일본군 지휘부는 섬 남쪽으로 퇴각하였다.

6월 11일 오로쿠小祿 지구에서는 일본 해군 지휘관 오오타 미노루(大田實 : 1891~1945)와 그의 군대 전원이 사망하였고, 6월 15일에는 남은 병력 6,000여 명이 미군의 화력에 괴멸되었다.

마침내 6월 23일 오후 4시 30분 우시지마 중장과 쵸 이사무(長勇 : 1895~1945) 소장이 할복자살하면서 전투는 끝났다.

한편 일본은 오키나와 섬을 지키기 위해 이 섬의 주민들을 동원해 수비대를 조직하였는데, 수비대로 편입됐던 주민 12여 만 명 또한 미군의 총공세로 희생되었다.

━

1956년 6월 23일

나세르, 이집트 초대 대통령 당선

━

1956년 6월 23일 가말 압델 나세르(Gamal Abdel Nasser : 1918~1970)가 이집트 최초로 실시된 국민투표에서 99.9%라는 찬성표를 얻어 초대 대통령에 당선되었다.

나세르는 1918년 알렉산드리아에서 우체국 직원의 아들로 태어났다. 그는 중학생 때부터 민족운동에 참가했으며, 1938년 육군사관학교를 졸업하였다. 제2차 세계 대전 중 청년장교들과 자유장교단自由將校團을 결성하였다.

그리고 1952년 7월 자유장교단을 이끌고 무혈쿠데타를 일으켜 영국의 비호를 받아온 파루크 왕정을 무너뜨렸다.

이후 1956년 1월 일당 정치체제에 사회주의 아랍국가를 표방한 이집트 헌법을 공포하고, 6월 23일 대통령에 당선되었다. 당선 1개월 뒤에 나세르는 서방국가로부터 운하 소유권을 되찾기 위해 수에즈 운하에 대해 국유화를 선언하였다.

이 때문에 1967년 이스라엘과 제2차 중동전쟁을 치렀으나 패배하였다. 하지만 나세르는 이 전쟁을 통해 서방세계에 도전한 아랍세계의 영웅으로 떠오르며, 아랍민족주의 노선 실현을 위해 노력하였다.

나세르는 1970년 팔레스타인 게릴라와의 정전협정 조인 다음날인 9월 28일 심장마비로 갑작스럽게 죽었다.

* 1956년 10월 29일 '이스라엘과 아랍 간의 제2차 중동 전쟁이 시작되다' 참조

1968년 6월 23일

아르헨티나 축구장 압사 사고로 74명이 사망하다

1968년 6월 23일, 아르헨티나의 프로축구 1부 리그인 프리메라 디시시온의 엘 수페르 클라시코가 열렸다.

영어식으로 말하면 '슈퍼 클래식 더비'다. 보카 후니오르스와 리베르 플라테의 경기는 스페인의 엘 클라시코 더비만큼 치열하기로 유명하다.

두 클럽 모두 수도 부에노스아이레스를 연고로 하는데 보카는 노동

자들이, 리베르는 부르주아들이 좋아하는 구단으로 알려져 있다.

최초의 엘 수페르 클라시코는 1913년 8월 24일 열렸는데, 이날은 리베르가 승리하였다. 이후 양팀의 역대 전적은 막상막하다. 100년 가까이 이어져온 두 팀의 경기에서 사고가 없었을 리 없다.

이날도 리베르 경기장에서 두 팀 간의 더비가 열렸는데, 결과는 0 대 0으로 끝났다. 하지만 경기 후 보카 팬들이 위층에서 불붙은 종이를 던지자 이를 피하려던 아래층 관중이 출구로 몰리면서 관객들이 압사하는 사고가 일어났다.

이 사고로 74명이 숨지고 150여 명이 다쳤다. 일명 '푸에르타 도세 (12번문) 참사'라고도 불린다.

6월의
모든 역사

6월 24일

■
.
■

1989년 6월 24일

장쩌민, 중국 당 총서기에 선출되다

장쩌민 사상의 핵심은 3개 대표론이다. 중국공산당은 선진사회 생산력(사영기업가), 선진문화 발전(지식인), 광대한 인민(노동자와 농민)의 근본 이익을 대표해야 한다는 것이다.

이는 노동자와 농민의 적이었던 자본가와 지식인을 품 안에 끌어들이겠다는 내용으로 중국공산당을 유럽식 사회민주당 또는 국민정당으로 지향하겠다는 정치 개혁의 표방이라 할 수 있다.

1989년의 중국은 이전의 폐쇄 사회와 개혁 · 개방 정책 사이의 갈등
으로 몸살을 앓던 시기였다.

경제적 개혁에 비해 정치 개혁이 더디게 진행되면서 공산당의 부정
부패, 인플레이션, 소득 격차 확대 등으로 민중의 불만이 고조되었다.

그해 4월 급진개혁주의자로 학생들의 추앙을 받던 후야오방(胡耀邦 :
1915~1989) 전 당 총서기의 사망을 계기로 정치 개혁에 대한 요구가 확
산되었고, 마침내 후야오방의 장례식을 계기로 전국적 민주화 운동으
로 확대되었다.

그리고 6월 4일 베이징의 천안문 광장에서 시위를 벌이던 학생, 노동
자, 시민들을 계엄군이 해산시키는 과정에서 1만 5,000명 이상의 사상
자가 발생하는 '천안문 사태'가 발생하였다.

천안문 사태를 진압하면서 중국 공산당의 전면에 나선 인물이 바로
장쩌민(江澤民 : 1926~)이다.

장쩌민은 장쑤 성 양저우 시에서 태어났다. 그는 상하이上海에 있는
자오퉁 대학교交通 大學校를 다니던 1946년 공산당에 가입하였고, 1955년
모스크바 유학 후 기술경제 관료로 성장하였다.

이후 장쩌민은 문화혁명으로 한동안 밀려났다가 복귀한 뒤, 1985년
7월 상하이 시장이 되어 상하이를 중국의 금융 · 산업 중심지로 발전시
켰다. 1987년에는 상하이의 당 서기직도 맡아 당 중앙정치국 위원으로
선출되면서 중국 정계의 핵심 인물로 떠올랐다.

장쩌민은 1989년 천안문 사태가 일어나자, 이를 체제에 대한 도
전으로 간주하고 진압에 나선 중국의 최고실권자 덩샤오핑(鄧小平 :
1904~1997)을 적극 옹호함으로써 당내 지지를 얻는 데 성공하였다.

그리고 1989년 6월 24일 중국공산당 제13기 중앙위원회 제4차 전체

회의에서 실각한 자오쯔양(趙紫陽 : 1919~ 2005) 후임으로 덩샤오핑에 의해 당 중앙위원회 총서기로 발탁되었다.

이후 장쩌민은 11월 당 군사위원회 주석을, 1990년 4월 국가 군사위 원회 주석을 덩샤오핑에게서 물려받은 데 이어 1993년 3월 국가 주석 까지 겸함으로써 당과 행정, 군을 총괄하게 되었다. 2000년에는 공산당 이 선진 생산력, 선진문화 발전, 광대한 인민의 근본 이익을 대표해야 한다는 '3개 대표론'을 발표하기도 하였다.

그리고 2002년 당 총서기, 2003년 국가 주석, 2004년 당 중앙군사위 원회 주석, 2005년 5월 국가 군사위원회 주석 자리를 후진타오(胡錦濤 : 1942~)에게 물려주면서 평화적 정권 이양을 이뤘다.

장쩌민은 마오쩌둥이나 덩샤오핑 같은 카리스마는 갖지 못했으나, 대신 남다른 성실성과 정치력으로 인구 13억의 대국을 이끌었다. 그 때 문에 장쩌민은 중국 최초의 근대적인 정치 지도자로 평가 받고 있다.

* 1989년 6월 4일 '중국, 제2차 천안문 사태 일어나다' 참조
* 2003년 3월 15일 '후진타오, 중국 제6대 주석으로 선출되다' 참조

1947년 6월 24일

미국에서 미확인 비행 물체 발견

"메리 여왕이 계실 때에는 초원 여기저기에서 제자리걸음으로 다져서 원 을 그렸다네. 난쟁이의 춤이 있었더란다. 제임스 왕이 즉위하시니 목장에 서 춤추는 이는 더 이상 없다네."

중세 영국에서 지어진 이 시를 두고 UFO가 남긴 모습을 읊은 것으로 해석하기도 한다.

1947년 6월 24일, 미국 항공 구조 요원 케네스 아놀드(Kenneth Arnold : 1915~)는 비행기를 몰고 워싱턴 주 레이니어 국립공원을 지나던 중 9대의 이상한 비행 물체를 발견하였다.

그는 이 사실을 공항 근무 요원에게 말하였고 어느새 기자들이 인터뷰를 요청하였다. 의심의 눈초리로 보던 기자들이 아놀드가 항공 구조 요원일 뿐 아니라, 사업가라는 부보안관의 말을 듣고 그의 설명이 거짓말은 아닐 것이라고 판단하였다.

아놀드의 목격담은 곧 신문 머리기사로 다루어졌고 미국 전역을 떠들썩하게 만들었다. 아놀드가 "음속의 두 배로 마치 수면을 날아가는 접시 같았다."고 한 말에, AP 통신의 한 기자는 이 물체를 '비행접시'라고 표현하였다.

이후 다른 사람들의 목격담이 계속 발표되자, 미국 공군은 비행접시 문제를 조사하기 시작하였고 '미확인 비행물체(UFO : Unidentified Flying Object)'라는 용어를 사용하였다. 1967년에는 미국의 항공우주학회에 UFO를 연구하는 특별위원회가 설치되었다.

UFO를 본 목격자 중에 어떤 사람은 우주인을 보았다고 하기도 하며, 아예 UFO를 타고 외계 혹성에 다녀왔다거나 심지어 외계인에게 겁탈당했다고 하는 사람도 있다. 하지만 보고된 95% 이상은 착시 현상이나 정신분열 증세 또는 사진 기술상의 문제로 밝혀졌다.

다만 목격담의 5% 정도는 현재로선 정확한 판단이 어려우며, 여전히 UFO 문제는 미스터리로 남아 있다.

2003년 6월 24일

미국 프로야구 선수 배리 본즈,
500홈런-500도루 달성

미국 프로야구 샌프란시스코 자이언츠의 슬러거 배리 본즈(Barry Lamar Bonds : 1964~)가 2003년 6월 24일 야구사에 길이 남을 또 하나의 기록을 썼다.

본즈는 샌프란시스코 퍼시픽벨 파크에서 열린 LA 다저스 전에서 도루 1개를 추가하며 시즌 7호, 통산 500호 도루 달성의 고지에 올랐다. 이날까지 통산 633홈런을 쳐냈던 본즈가 세계 최초로 '500 - 500' 클럽의 탄생을 알리는 순간이었다.

이는 1986년 입단 이후 18시즌 만에 달성한 대기록이었다. 500도루는 메이저리그 전체를 통틀어 36위에 해당하는 기록이지만, 홈런타자가 도루 능력까지 겸비한 경우는 흔치 않다.

뛰어난 선구안과 빠른 발을 겸비한 올라운드 플레이어인 본즈는 1996년에 역시 프로야구 선수였던 아버지 바비 본즈(332홈런 - 461도루) 등에 이어 역대 4번째로 300홈런 - 300도루를 돌파했고, 1998년에는 사상 첫 '400-400' 클럽에 가입하였다.

그리고 2001년에는 메이저리그 한 시즌 최다 홈런인 73개를 기록하는 등 현재 세계 최고의 '호타준족'으로 평가 받고 있다.

1933년 6월 24일

아우토반 건설 공사 설립

1909년 프로이센의 하인리히 왕자는 자동차 전용도로의 건설 계획을 세웠다. 1913년 착공된 공사는 제1차 세계 대전 발발로 중단되었다가 1919년 재개되어 1921년에 완공되었다. 이것이 세계 최초의 현대식 고속도로인 아부스AVUS 고속도로다. 아부스는 길이 19.3km 구간으로, 베를린에 개통되었다.

1926년에는 함부르크에서 프랑크푸르트를 거쳐 스위스 바젤에 이르는 자동차 도로 건설을 위해 세 도시의 머리글자를 딴 하프라바HaFraBa 협회가 설립되었다. 이 하프라바협회에서 '자동차 전용도로'란 뜻의 아우토반Autobahh을 처음 사용하였다.

1929년 일어난 대공황으로 인해 독일 경제는 파탄지경이었다.

1933년 1월 정권을 잡은 히틀러는 자동차 전용도로 아우토반에 눈을 돌렸다. 이어 6월 24일 '라이히스 아우토반Reichs Autobahn'이라 이름 붙인 도로 건설을 위해 아우토반 공사公社를 만들었다.

히틀러가 아우토반 공사를 서두른 것은 전쟁을 위한 수송 능력의 확대와 40%에 가까운 실업률을 잡기 위한 대책이라고 판단하였기 때문이었다.

1935년 5월 19일 프랑크푸르트와 다름슈타트 간 고속도로 30.6km 구간을 개통하였다. 이후 히틀러는 제2차 세계 대전이 끝날 때까지 3,819km에 이르는 아우토반을 뚫었다.

아우토반은 2차 세계 대전이 끝나고 독일 산업 발전을 일으킨 동력

중 하나가 되었다. 벤츠, BMW, 폭스바겐 같은 자동차 회사들이 초고속으로 성장할 수 있었던 것도 아우토반이 있기에 가능하였다.

2012년 현재 아우토반의 총 길이는 1만 5,000km에 이르며, 권장속도는 130km로 정해져 있으나 보통 속도 제한 없이 자동차를 운전한다.

6월의
모든 역사

6월 25일

■
·
■

1876년 6월 25일

미국 제7기병대, 인디언에게 전멸 당하다

미국 중북부 사우스다코타 주의 블랙 힐즈에는 1876년 6월 25일 '리틀 빅혼의 결투'에서 제7기병대를 전멸시킨 인디언 전사 크레이지 호스의 전신상이 조각되고 있다.

세계적인 조각가 코자크 지올코브스키가 혈혈단신으로 바위산 전체를 깨고 깎는 대역사를 구상하였다. 높이 169m, 너비 201m, 얼굴 27m의 규모였다. 자녀와 손자가 유업을 이어받아 1948년 착공돼 50년 만인 1998년 몽골리안의 얼굴이 완성되었다. 그리고 지금도 전신상 작업은 계속되고 있다.

1800년대 중반, 미국 인디언들에게 남은 땅이라곤 중북부의 대평원 뿐이었다. 미 대륙의 동쪽과 서쪽을 이미 정복자들에게 빼앗겨 버렸기 때문이었다.

남북 전쟁으로 경황이 없던 정복자들은 2차례에 걸친 '라라미 조약'을 통해 인디언들에게 영토를 보장하겠다는 약속을 하였다. 대신 그들은 그 길을 지나는 백인 개척자들의 신변안전을 보장 받았다.

하지만 1875년 미국 남북 전쟁이 끝나고, 그 지역 내에 있는 블랙힐 즈에서 금광이 발견되었다는 소문이 퍼지자 미국 정부는 인디언들에게 1876년 1월 31일까지 안전한 보호구역으로 옮길 것을 명령하였다. 하지만 인디언들은 시한 내에 이주할 수가 없었다.

그러자 미 정부는 제7기병대를 파견하였다. 이에 맞서 가장 강력한 인디언 부족인 슈족과 샤이엔족이 몬태나 주㈜ 리틀 빅혼 강가에 모여 항전 채비를 하였다.

마침내 6월 25일 미군과 인디언 간에 리틀 빅혼Little Bighorn 전투가 벌어졌다. 모든 기병부대가 모이기 전에 남북 전쟁의 영웅이자 기병대장이었던 조지 암스트롱 커스터(George Armstrong Custer : 1839~1876)가 성급하게 인디언들을 공격하였다. 1,000여 명의 인디언 전사 상당수가 활을 들고 싸우면서 기병대를 협곡에 몰아넣었다. 결과는 기병대 264명의 전원 몰살이었다.

이 전투는 미국-아메리카 원주민 전쟁사에서 가장 유명한 전투이며, 부족 단위로 분열되어 있던 아메리카 원주민이 연합을 통해 미국에 대항하여 승리를 거둔 기념비적인 전투로 기록되어 있다. 이 전투를 지휘했던 인디언 추장이 크레이지 호스였다.

이후 크레이지 호스를 중심으로 한 인디언들은 후속 전투에서도 여러 차례 이겼으나 수적인 열세를 만회하지 못하고 도망 다니기 시작하였다. 그리고 크레이지 호스는 미군의 회유책에 따라 인디언 보호 구역으로 들어갔다가 체포되어 죽었다. 그의 시신은 고향인 운디드니에 묻혔으며 이후 인디언 부족들의 항쟁은 끝이 나게 되었다.

1975년 6월 25일

아프리카의 모잠비크 독립

아프리카 대륙 남동부에 있는 모잠비크는 16세기 이후 포르투갈의 영향력 아래 놓여 있었다. 원주민들은 18세기에 노예사냥으로 아메리카로 많이 이주되었으며, 포르투갈의 지배력은 점점 강화되어 강제 노동과 착취가 이루어졌다.

그러나 1962년 모잠비크 해방 전선이 성립되어 독립을 추진하였다. 1974년에는 포르투갈에서 군부 소장파 장교들이 쿠데타를 일으킨 후 모잠비크의 독립을 약속하는 루사카 협정을 맺었다. 그리고 이듬해인 1975년 6월 25일 독립을 이루었다.

모잠비크는 독립 이후 소비에트 연방의 원조를 통해 계획경제를 받아들였고, 그것이 1990년대 중반까지 이어졌다.

그러나 아프리카의 상황을 파악하지 않고 시작된 계획경제의 부작용, 자국의 기술 부족과 외화 부족, 소련 붕괴로 인한 수출 감소로 정부는 자본주의 체제로 전환하였다.

자본주의 체제를 채택한 새 정부는 5년 임기를 통한 대통령제와, 복수정당제를 선택했다. 동시에 미국과의 관계가 호전되었다.

1995년에는 남아프리카 공화국의 주선으로 영국과 식민 관계가 없는 국가로서는 처음으로 영연방에 가입하였다. 또한 2006년부터는 프랑스어를 모국어나 행정 언어로 쓰는 국가들로 구성된 프랑코포니의 참관국으로 참여하고 있다.

—
2009년 6월 25일

'팝의 황제' 마이클 잭슨 심장마비로 사망
—

2009년 6월 25일 '팝의 황제' 마이클 잭슨(Michael Joseph Jackson : 1958~2009)이 미국 로스앤젤레스에서 심장마비로 사망하였다. 잭슨은 7월 13일 영국 런던에서 열리는 컴백 콘서트 시리즈를 준비 중이었다.

마이클 잭슨은 1958년 8월 29일 미국 인디애나 주에서 태어났다. 잭슨은 어릴 적부터 남다른 음악적 재능을 발휘해 그의 형제들로 구성된 5인조 그룹 '잭슨 파이브'의 리드 싱어로 연예계에 데뷔하였다.

잭슨은 1979년에 발매한 앨범 「오프 더 월」이 1,000만 장 이상 팔렸고, 1982년 「빌리 진」과 「비트 잇」 등 수많은 히트곡이 수록된 「스릴러」 앨범은 5,000만 장 이상이 판매되는 등 공전의 히트작이 이어지면서 30여 년간 팝의 황제로 군림해 왔다. 특히 달 위를 걷는 듯한 독특한 춤은 그 시대 젊은이의 상징이 되었다. 2002년에는 명예의 전당 작가 부문에 헌액되기도 하였다.

하지만 그의 명성은 30세가 넘으면서부터 금이 가기 시작하였다. 잦은 성형수술에 따른 부작용으로 백인도 흑인도 아니게 된 얼굴은 점점 더 일그러졌고, 1994년에는 아동 성추행 혐의로 피소되기도 했다. 나중에 무죄로 밝혀졌지만 한 번 덧씌워진 세간의 부정적 시선은 좀체 사라지지 않았다.

한편 2011년 11월 마이클 잭슨의 주치의였던 콘래드 머레이는 잭슨에게 강력 수면제 프로포폴을 처방한 사실이 인정되어 과실치사로 징역 4년의 유죄 평결을 받았다.

6월의
모든 역사

6월 26일

■
·
■

—

2000년 6월 26일

미국, 인간 게놈 지도 초안을 발표하다

—

"오늘 우리는 신이 생명을 만드는 데 사용한 언어를 배우고 있습니다. 이 심오한 새로운 지식을 얻게 됨으로써 인류는 바야흐로 치료를 위한 엄청난 새로운 힘을 얻으려 하고 있습니다."
빌 클린턴 미국 대통령은 인간 유전체 서열 초안이 완성되었다고 발표하였다.

그로부터 8개월 후인 2001년 2월 12일이었다. 미국 · 영국 · 프랑스 · 독일 · 일본 · 중국 등 6개국으로 구성된 국제컨소시엄인 인간게놈지도계획팀HGP과 미국 벤처기업인 셀레라 지노믹스사는 각각 독립적으로 연구한 인간 유전자에 대한 연구 결과를 공동으로 발표하고 인터넷에도 공개하였다. 이들은 인간 게놈의 염기서열을 약 99% 정도 밝혀냈으며 다국적팀은『네이처』에, 셀레라는『사이언스』에 각각 연구 논문을 발표하였다.

게놈은 정자 및 난자에 포함되어 있는 염색체나 유전자 전체를 말한다. 1920년 윙클러 박사가 염색체 1조를 유전자gene와 염색체chromosome의 합성어인 게놈genome으로 표현한 것에서 나온 말이다.

인체는 수조 개의 세포로 이뤄져 있다. 세포의 겉모양은 여러 형태를 띠지만 모든 세포는 공통적으로 핵을 가지고 있고, 그 핵 속에는 한 쌍의 성염색체를 포함한 23쌍의 염색체가 자리 잡고 있다. 이 중 성염색체는 성을 결정하는 데 사용되며 여성은 XX형, 남성은 XY형으로 구분된다. 나머지 22개는 두 개씩 거의 동일한 구조를 가지고 있는 쌍으로 존재한다.

이 안에는 모든 생물의 구조를 만드는 유전 물질인 DNA가 있으며, DNA는 아데닌(A), 티민(T), 구아닌(G), 시토신(C)의 4가지 염기가 나열된 이중 나선 구조로 되어 있다.

사람의 경우, 세포마다 대략 32억 쌍의 염기가 존재하고 있으며, 인간 게놈 프로젝트는 바로 이 32억 쌍의 염기가 어떤 순서로 배열돼 있는지를 밝혀내는 작업을 말한다.

인간게놈프로젝트는 1986년 미국 에너지부가 프로젝트 계획을 구상하여, 1988년 인간게놈위원회HUGO의 초대 책임자로 1953년 DNA의

'이중나선구조'를 밝혀 노벨상을 받은 제임스 왓슨을 선정하였다. 그
리고 1990년 10월, 15년에 걸친 3차 5개년 계획으로 프로젝트를 출발
시켰다.

1992년에는 미국 미시간 대학교의 분자생물학자인 프란시스 콜린스
가 다국적팀의 책임자로 선정되었다. 그리고 1996년 2월 다국적팀은
대서양에 있는 버뮤다섬에 모여 정리된 유전자 데이터는 24시간 안에
공개한다는 '버뮤다 원칙'을 발표하였다.

하지만 이 계획에 참가했던 유전학자 벤터가 1998년 5월 셀레라 지
노믹스라는 민간 기업을 세우고 공개경쟁을 선언함에 따라, 2005년 예
정이었던 연구 결과 발표는 2000년으로 앞당겨졌다.

발표 결과에 따르면 인간의 유전자 수는 2만 4,000개~4만 개로, 이
것은 초파리가 가지고 있는 것보다 겨우 2배가량 많은 것이다. 그리고
사람은 서로 약 2%의 차이만 보이고 있으며, 인종에 따라 유전자의 성
질이 다를 것이라는 추정은 근거가 없는 것으로 밝혀졌다.

게놈 지도의 완성에 따라 유전병을 고칠 수 있는 발판이 만들어졌다.
즉 정상인의 유전자 지도를 근거로 정상과 다른 DNA 염기 배열을 살
펴보고 정상으로 돌릴 수 있는 것이다.

하지만 이 문제는 윤리 문제와 관련하여 많은 논란을 일으킬 수 있
으며, 구체적인 유전병 치료 방법의 개발은 또 다른 노력을 요구하고
있다.

그 후 인간게놈프로젝트 연구진은 염색체 연구에 착수한 지 16년 만
인 2006년 5월 인간의 23개 염색체를 모두 해독하는 데 성공해 인간
게놈지도를 완성하였다.

* 2006년 5월 18일 '인간게놈프로젝트 연구진, 1번 염색체를 완전 해독함으로
  써 인간 게놈지도를 완성하다' 참조

1541년 6월 26일

잉카제국 정복자 피사로 피살

"그것은 500배나 더 많은 적과 싸워 우리 편이 단 한 명도 죽지 않고 대승
한 기묘한 전투였다."

-프란시스코 피사로

프란시스코 피사로(Francisco Pizarro : 1475~1541)는 1475년 스페인의
한 마을에서 사생아로 태어났다. 그는 미천한 돼지치기로 살다가 늦은
나이에 용병이 되었다.

1513년에 피사로는 남태평양을 최초로 발견한 탐험가 바스코 발보
아(Vasco Nunez de Balboa : 1475~1519)를 따라 태평양을 항해하기도 하
였다.

그러던 중 황금의 나라 잉카제국의 소식을 듣고 카를 5세(Karl V :
1500~1558)의 지원을 받아 1531년 에콰도르에 도착하였다.

하지만 잉카군은 8만 명인데 비해 피사로의 군대는 168명에 지나지
않았다. 피사로는 잉카 전설에 나오는 구원자 비라코차로 가장하고 잉
카제국의 황제 아타왈파를 만난 자리에서 기습적으로 황제를 붙잡아
그를 무장 해제시켰다.

그리고 그의 몸값으로 방 한 개를 가득 채울 만큼의 황금을 빼앗았

다. 가로 6.7m, 세로 5.2m나 되는 방에 사람 키의 1.5배 높이만큼 쌓을 정도로 어마어마한 양의 황금이었다.

막대한 재물에 눈을 뜬 피사로는 단박에 수도 쿠스코로 진격, 황금이 아닌 모든 것을 파괴하였다. 그리고 1535년에는 새 수도 리마를 건설하였다.

하지만 피사로는 쿠스코의 지배권 문제로 동료와 싸우다가 1541년 6월 26일 피살되었다.

1945년 6월 26일

샌프란시스코 연합국 회의에서
국제연합 헌장 조인

국제 평화와 안전을 유지한다. 이를 위하여 평화에 대한 위협의 방지, 제거 그리고 침략 행위 또는 기타 평화의 파괴를 진압하기 위한 유효한 집단적 조치를 취하고 평화의 파괴로 이를 우려가 있는 국제적 분쟁이나 사태의 조정 · 해결을 평화적 수단에 의하여 또한 정의와 국제법의 원칙에 따라 실현한다.

-국제연합 제1장 제1조 1항

1944년 8월부터 10월까지 미국 워싱턴 교외에 있는 덤바턴 오크스에서 미국 · 영국 · 소련 · 중국이 회담을 가진 후 '전반적 국제기구 설립에 관한 제안'을 작성하였다. 이것이 국제연합 헌장의 원안이 되었다.

그 후 1945년 2월 얄타 회담을 거쳐 6월 26일 미국 샌프란시스코에서 50개국이 국제연합 헌장에 서명하였고, 10월 24일 발효되었다.

헌장은 전문 및 19장, 111조로 구성되어 있으며, 국제연합의 근본 조직, 국제협력에 의한 세계평화의 유지 · 확립의 임무를 규정하고 있다.

구체적으로는 총회(4장), 안전보장이사회(5장), 경제사회이사회(10장), 신탁통치이사회(13장), 국제사법재판소(14장) 및 사무국(15장)이라는 6개의 주요기관 각각에 대한 구성과 임무, 권한 등의 규정을 포함하고 있다.

1905년 6월 26일

러시아 전함 포템킨호에서 폭동이 일어나다

1904년 러일전쟁 이후 러시아 전역에서는 장교들의 부패와 횡포로 사병들의 불만이 최고조에 달하였다.

또한 시베리아 횡단철도 변에 주둔한 부대들이 차르 체제에 반발하면서 반기를 드는 등 구舊정치 · 사회 체제에 대한 불만이 다양한 양상의 시위로 터져 나왔다.

이런 와중에 부실한 식사를 거부하던 수병 1명이 장교에게 사살되는 사건이 발생하였다. 그러자 1905년 6월 26일 러시아 흑해함대 소속 포템킨호에서 수병들이 폭동을 일으켰다.

수병들은 함장과 장교들을 모두 사살하고 흑해 북쪽 오데사항에 입항하였다. 이곳에서는 파업이 한창이었는데, 수병 일부가 파업에 가담하자 이를 진압하고자 가장 용맹하다는 코사크 기병대가 투입되었다.

남녀노소 할 것 없는 무차별 학살이 전개되었고, 포템킨호도 이에 응

수, 시가를 향해 포격을 시작하였다. 정부는 다른 흑해함대까지 동원해 포템킨호 반란을 진압하려 했지만 수병들의 발포 거부로 이마저도 실패로 돌아갔다.

하지만 포템킨호에 있던 수병들은 육상으로부터 지원이 끊기자 투지가 급격히 떨어졌다. 이에 그들은 7월 8일 루마니아의 콘스탄츠 군항으로 탈출하였다. 러시아의 요구에도 불구하고 루마니아가 수병 인도를 거부해 이들 중 상당수는 루마니아에 정착하거나 캐나다·미국·브라질 등으로 이주하였다.

하지만 러시아로 돌아간 수병 54명은 사형되거나 강제 노동에 처해졌다.

6월의
모든 역사

6월 27일

■
.
■

1991년 6월 27일

남아프리카 공화국, 핵무기 포기 의사를 표명하다

"1989년까지 6기의 핵폭탄을 제조했지만 냉전 위협의 종식으로 핵무기 해체가 국가 이익에 부합된다고 판단하여 1990년에 모두 해체하였다."

-프레데릭 데 클레르크

핵무기 제조를 위한 기술적 장벽이 그리 높지 않음에도 1970년대까지 핵보유국은 미국과 소련을 비롯해 영국·프랑스·중국 등 5개국에 그쳤다. 핵무기를 독점하려는 미·소의 노력이 크게 작용한 탓이었다.

하지만 이들 5개국 이외에 국제정치적으로 핵보유국의 지위를 누리지는 못하지만 핵무기를 제조·배치하고 있는 '사실상의 핵보유국'이 있다. 바로 인도·파키스탄·이스라엘·남아프리카 공화국이 그들이다.

그중에서 풍부한 우라늄 매장량을 가진 남아프리카 공화국은 1950년대부터 독자적으로 핵개발에 착수하였다. 남아프리카 공화국은 핵확산방지조약NPT 가입을 거부하고 이스라엘과의 핵 협력을 통해 1970년 우라늄 농축 기술을 완성하였다. 1974년부터 본격적인 핵무기 개발을 시작해 6개의 핵무기를 보유할 수 있었다.

하지만 남아프리카 공화국은 1985년부터 인종 차별 정책에 대한 국제적 압력이 증가하고 주변 안보 상황이 호전되기 시작하자 핵을 포기하는 쪽으로 방향을 틀었다. 가장 강력한 군사적 수단으로 인식되어 온 핵무기 속성을 감안할 때 극히 이례적인 행보였다.

남아프리카 공화국은 제재 해제·국제관계 정상화 등 정치적 관점에서 핵을 포기하는 것이 국익에 도움이 된다는 판단을 했던 것이었다.

마침내 1991년 6월 27일 프레데릭 데 클레르크(Frederik Willem de Klerk : 1936~) 대통령은 NPT 가입 의사를 밝힘으로써 핵을 포기하겠다는 의사를 분명히 하였다.

한 달 뒤 남아프리카 공화국은 NPT에 가입했고 이어 국제 원자력 기구IAEA와 안전 조치 협정을 체결해 핵관련 시설에 대한 국제 사찰을 받기 시작하였다.

그리고 1993년 3월 24일에 "아프리카 제국과 국제사회와의 새로운 관계 인식에 근거하여 핵 억지력을 포기했다."고 공식 발표하였다.

1968년 6월 27일

체코 자유파 인사 70인, 2,000어 선언 발표

"그러므로 '진리는 승리한다'고 대통령기에 새겨진 말은 진실이 아니다. 모든 것이 부패하고, 썩어져 버릴 때 진리만이 썩지 못하고 남아 있을 뿐 이다."

-2,000어 선언

1946년 총선에서 공산당이 승리하면서 체코슬로바키아는 본격적인 공산화로 들어섰다. 하지만 1960년대 들어오면서 사회주의 경제체제 의 구조적 모순으로 인한 경제 정책 실패로 사회 전반에 비판이 일어 났다.

그리고 1968년 1월 5일, 체코슬로바키아의 새로운 지도자로 알렉산 더 두브체크(Alexander Dubcek : 1921~1992)가 제1공산당 서기장에 취 임하였다. 그는 '인간의 얼굴을 한 공산주의'를 주창하며 언론의 자유 를 도입하는 등 개혁 정책을 폈다. 그러면서 체코의 자유화 운동인 이 른바 '프라하의 봄Prague spring'이 시작되었다.

6월 27일에는 작가동맹 기관지 「리텔라르니 리스티」를 비롯한 체코 슬로바키아 4개 신문에 자유화를 촉구하는 '2,000어 선언'이 실렸다. 작가 바츠리크가 글을 쓰고 마라톤 영웅 자토펙과 체조 선수 차프라후

스카 등 유명 스포츠 선수를 포함, 여러 유명인사들 70명이 서명함으로 써 프라하의 봄은 정점에 올랐다.

자유민주화 노선을 더욱 과감히 밀고 나가 당에서 보수 세력을 몰아 내라고 호소한 이 선언은 공산당 독재의 완화와 기업경영의 민주화 등 개혁을 추진해 온 두브체크와 당원들에게 큰 힘이 되었다.

하지만 8월 20일 소련군을 비롯한 바르샤바 조약기구 5개국 군대가 체코슬로바키아를 침공하면서 이 선언은 막을 내렸다.

* 1968년 1월 5일 '프라하의 봄' 참조

———

1977년 6월 27일

지부티, 프랑스로부터 독립

———

지부티는 아프리카 대륙 북동쪽 아덴만灣의 서쪽 연안에 위치하고 있다. 지리적으로 중요한 전략적 위치인 '아프리카 뿔Horn of Africa'에 위치한 탓에 역사적으로 인접국과 강대국 간의 쟁탈전에 오랫동안 희생되어 왔다.

지부티는 기원전 3세기경부터 아라비아에서 아블레인들이 들어와 정착하기 시작하였다. 그러나 소말리계의 이사족이 아블레인들의 후손 인 아파르족을 축출하고 해안 지방에 새로이 정착하였다.

16세기까지 아랍인들이 상권을 장악하고 있다가 1862년 프랑스가 오보크를 획득하였다. 1888년에 프랑스 소말리 해안령을 창설하였고, 1892년에 지부티 시가 이 프랑스령의 공식 수도가 되었다.

1946년 프랑스령 소말릴란드는 해외 준주準州의 자격을 얻었고, 1958년 프랑스 공동체에 해외 준주의 일원으로 가입하기로 가결하였다.

이어 3번의 국민투표를 거쳐 1977년 6월 27일 프랑스에서 독립함으로써 지부티는 아프리카에서 50번째 독립국이 되었다.

—

678년 6월 27일

교황 아가토, 제79대 로마 교황으로 취임

—

이탈리아의 수도자 아가토(Agatho : 577?~681)가 678년 6월 27일 도누스(Donus : ?~678) 교황에 이어 제79대 로마 교황으로 취임하였다.

아가토는 이탈리아의 시칠리아에서 태어났다. 그는 20여 년 동안 성공한 사업가로서 활동하였으며, 또한 행복한 결혼 생활을 영위하였다.

하지만 아가토는 종교적 회심을 한 직후 이 모든 것을 버리고 팔레르모의 성 헤르네스 수도원에서 수도자가 되었다.

아카토의 재임 중에 가장 중요한 사건은 비잔티움 제국의 황제 콘스탄티누스 4세(Constantine IV : 652~685)의 협력으로 제3차 콘스탄티노플 공의회를 개최한 것이었다.

이 회의에서 그는 서한을 통하여 신성과 인성을 가진 그리스도에 대한 믿음을 공고히 함으로써 그리스도에게는 신성만이 존재한다는 단성론자를 단죄하였다.

6월의
모든 역사

6월 28일

1914년 6월 28일

오스트리아 페르디난드 황태자 부부,
사라예보에서 암살되다

대大세르비아 운동을 지지하던 보스니아의 학생 프린치프는 1914
년 6월 28일 오스트리아 제위 계승자인 페르디난트 황태자 부부를
총으로 쏘아 쓰러뜨렸다. 황태자 부부의 결혼기념일에 울린 두 발
의 총성은 제1차 세계 대전의 신호탄이 되었다.

대세르비아 운동은 슬라브 사람들이 대다수인 세르비아를 중심으로 오스트리아의 지배하에 있는 보스니아Bosnia와 헤르체코비나Herzegovina를 통합하려는 민족 운동이다.

게르만 민족인 오스트리아는 슬라브 민족의 불만과 러시아의 지지를 매우 경계하였다. 당시 오스트리아-헝가리의 이중군주국Dual Monarchy을 이루고 있던 오스트리아는 국내 소수민족이 독립하게 되면 제국이 붕괴될 처지에 놓여 있었다.

오스트리아는 세르비아의 민족주의를 가능한 한 제압하려고 하였고, 슬라브 민족주의를 외치며 지중해로 진출하려는 러시아는 대세르비아 운동을 지원하였다.

오스트리아는 페르디난드 황태자 부부 암살 사건의 배후에 '검은손'이라는 테러 단체가 있다고 단정하였다. 세르비아에 중심을 둔 '검은손' 조직은 남슬라브족인 유고슬라브 민족을 통합하여 대세르비아를 형성하려는 목표를 가지고 있었다.

하지만 세르비아 정부가 직접적으로 암살 사건에 연루된 것은 아니었다. 오스트리아 정부가 암살 사건에 대해 최후통첩을 보냈을 때 세르비아 정부는 그 조건을 대부분 받아들였다.

그러나 오스트리아 정부는 회답이 모호하고 불만스럽다는 핑계로 1914년 7월 28일 세르비아에 대해 선전포고를 하였고, 바로 그 다음 날 벨그라드에 포격을 하기 시작하였다.

오스트리아는 독일의 지원을 확신하였다. 독일은 전쟁이 일어나자 7월 31일 총동원령을 내리고 러시아에 군사 준비 종식을 요구하는 최후통첩을 보냈다. 하지만 러시아에서 회답이 없자 독일은 러시아에 선전포고를 하였다.

8월 3일 독일은 프랑스에 전쟁을 선포하고 벨기에로 진격하였고, 영국은 다음날 독일에 선전포고를 하였다. 8월 6일에는 오스트리아가 러시아에 전쟁을 선언함으로써 유럽은 전면 전쟁에 휩싸이게 되었다.

전쟁은 영국 · 프랑스 · 러시아를 중심으로 한 삼국협상 측과 독일 · 오스트리아를 중심으로 한 삼국동맹 측의 대결로 전개되었다. 독일은 전쟁에 대비하여 슐리펜Schlieffen 계획을 세워놓고 있었다. 독일의 참모총장이었던 알프레트 폰 슐리펜(Alfred Graf von Schlieffen : 1833~1913)이 세운 이 계획은 러시아를 공격하기 이전에 프랑스를 먼저 공격하자는 내용이었다.

이 계획이 성공하기 위해서는 벨기에를 공격하여 6주 이내에 프랑스를 속전속결로 점령한 후 주력부대를 다시 러시아에 투입해야 하였다. 프랑스도 제17계획을 세워놓고 있었다. 프랑스 참모총장인 조프르(Jacques Césaire : 1852~1931)는 동부 국경에 5개군을 편성하여 독일로 진격할 계획을 세웠던 것이다.

실제로 전쟁이 일어나자 전쟁은 독일의 예상과는 다르게 전개되기 시작했다. 벨기에는 완강하게 저항했으며, 영국의 원정군은 신속히 유럽에 상륙하여 프랑스를 지원하였다. 전쟁이 장기전 양상을 띠면서 소모전으로 변해가자, 양측은 전쟁을 빨리 끝내기 위해 군사기술 개발에 주력하였다.

독일군은 1915년 4월 이프르 전투에서 독가스를 처음으로 사용하였고, 영국은 솜 전투에서 탱크를 최초로 실전에 투입하였다. 서부전선은 교착상태에 빠져 있었으나 독일과 러시아가 대결하고 있던 동부전선은 매우 치열하였다. 독일의 힌덴부르크 장군은 1914년 9월에 러시아군을 동프러시아 지역에서 격퇴시키는 성과를 올렸다.

하지만 장기전으로 갈수록 전쟁은 삼국협상 측에 유리하게 되어갔다. 중립을 선언한 이탈리아와 그리스가 1915년과 1917년에 삼국협상 측으로 참전하였고, 독일 측의 무제한 잠수함 작전으로 인명피해를 본 미국이 1917년 4월 6일 독일에 선전포고를 하였다. 최종 승리자는 삼국협상 측이었다.

불가리아와 오스트리아가 각각 1918년 9월과 11월에 항복하였으며, 1918년 11월 11일에 독일이 휴전조약에 서명하였다. 그리고 1919년 사라예보 암살 사건이 발생한 5년 후의 그날인 6월 28일에 마침내 베르사유 평화조약이 체결되었다.

제1차 세계 대전은 19세기 후반 유럽 국가들 사이의 복잡한 국제질서를 배경으로 발생한 사건이었다. 이 전쟁에는 프랑스와 독일의 전통적인 갈등, 영국과 대륙과의 관계, 러시아의 범슬라브 민족주의, 독일의 야망, 강대국 사이에 있는 작은 나라들의 민족의식, 자본주의의 발달과 시장 확보를 위한 식민지 쟁탈전 등이 복잡하게 얽혀 있었다.

그러나 이 전쟁은 점점 아시아와 아프리카로까지 확대되는 결과를 가져왔다. 일본군은 적도 이북의 독일령 식민지를 점령하였고 지중해까지 함대를 파견하였다. 또한 터키가 독일편에 가담하였으며, 아프리카에 있는 독일의 식민지를 영국과 프랑스가 점령하였다.

이 전쟁으로 유럽은 막대한 대가를 치러야 했다. 1,000만 명 이상이 죽었으며 2,000만 명 이상의 부상자가 발생하였고, 전쟁 비용으로 1,800억 달러 이상을 부담하였다.

전쟁이 끝난 후 유럽의 정치력과 경제력은 급격히 감소하였으며, 미국과 일본의 영향력이 증대되었다. 전 세계 주식의 50%를 보유한 것에서 알 수 있듯이, 미국이 제1차 세계 대전을 통해 세계 경제를 지배하게 된 것이다.

또한 정치적으로도 크나큰 영향을 끼쳤다. 전쟁 중이던 1917년 러시아에서는 사회주의 혁명이 일어나, 이후 사회주의와 자본주의의 이념적 대결이 시작되었다.

그러나 독일과 오스트리아에 공화정이 선포되었으며, 유럽의 모든 지역에서 보통선거가 실시되는 긍정적인 면도 있었다.

* 1915년 4월 22일 '독일, 이프로 전투에서 처음으로 독가스를 사용하다' 참조
* 1917년 4월 2일 '미국 대통령 윌슨, 미국의 제1차 세계 대전의 참전 승인을
  요청하다' 참조

1954년 6월 28일

중국의 저우언라이와 인도의 네루, 평화 5원칙 발표

① 주권과 영토 상호 존중 ② 상호 불가침 ③ 상호내정 불간섭
④ 평등과 상호 이익 ⑤ 평화적 공존

-평화 5원칙

중국 저우언라이(周恩來 : 1898~ 1976) 총리와 인도 자와할랄 네루(Pandit Jawaharlal Nehru : 1889~1964) 수상은 1954년 6월 28일 중국-인도 공동성명을 발표하는 자리에서 평화 5원칙을 공식적으로 선포하였다.

원래 평화 5원칙은 1954년 4월에 체결된 중국과 인도 양국 간의 티베트에 관한 협정 전문에 포함되어 있었던 것이다.

저우언라이와 네루는 동서간의 냉전과 식민주의 전쟁 등을 종식시키고, 세계 평화를 강화하기 위해서는 새로운 국제관계 원칙의 확립이 필요하다는 인식을 같이하였다. 이에 전 세계를 향해 평화 5원칙을 천명하게 된 것이었다.

이후 평화 5원칙은 비동맹 국가 외교의 중요 지침이 되었다. 또한 이 원칙은 1955년 4월 개최된 반둥회의에서 보통 '반둥 10원칙'이라고 부르는 '세계 평화와 국제협력 증진에 관한 선언' 10개 항 속에 포함되기도 하였다.

* 1955년 4월 18일 '아시아—아프리카 회의, 인도네시아 반둥에서 개최' 참조

—

2004년 6월 28일

미국, 이라크에 주권 이양

—

2003년 4월 9일 사담 후세인(Saddam Hussein : 1937~2006) 대통령이 통치하던 이라크 수도 바그다드가 함락됨으로써 미군 주도의 연합군 점령 통치가 시작되었다.

그리고 2004년 6월 28일 오전, 이라크 바그다드 중심부 '그린 존'에 있는 옛 이라크 과도통치위원회IGC 본부 내 한 사무실에서 이라크로의 주권 이양식이 치러졌다.

폴 브리머 연합군 임시행정처CPA 최고 행정관은 주권 이양과 관련된

문서를 낭독한 뒤 이를 가지 알 야와르 임시정부 대통령에게 인계하였다.

이로써 1년 2개월 19일 만에 이라크 주권은 연합군 임시행정처CPA에서 이라크로 넘어가게 되었다. 또한 후세인과 측근들의 사법적 관할권도 이라크 법무부에 넘겨졌다.

한편 이날 이라크 임시정부 각료들은 미군정의 종료를 공식 선언했으며, 주권국의 관리로서 성실하게 임무를 수행하겠다는 취임 선서를 하였다.

6월의
모든 역사

6월 29일

·
·
·

1974년 6월 29일

아르헨티나의 이사벨 페론,
세계 첫 여성 대통령으로 취임하다

최근 들어 세계정치사에 여성 정치인이 리더로 부상하는 일이 잦아지고 있다. 역사적으로 이미 오래 전에 여성들이 통치하는 국가가 존재하긴 하였지만 실제적으로 여성 정치인이 주류에 편입된 것은 20세기 이후이다.

1924년 덴마크의 니나 방이 여성 최초로 교육부 장관 자리에 오른 것을 시작으로, 우크라이나와 러시아, 헝가리, 아일랜드 등에서 여성 국회의원들이 배출되었다.

하지만 선출직 여성 총리가 처음으로 탄생한 것은 1960년대에 가서야 이루어졌다. 스리랑카의 시리바모 반다라나이케 총리가 그 주인공이다. 1974년 6월에는 아르헨티나의 이사벨 페론이 첫 여성대통령의 영예를 안았다. 이후 여성 정치인의 약진은 전에 없이 빠른 속도로 이뤄졌다.

2012년 현재 브라질, 아르헨티나, 스위스 등 10개국이 여성 대통령을 두고 있으며, 독일, 오스트레일리아, 태국, 아이스란드 등 12개국에서는 여성 총리가 국정을 운영하고 있다.

하지만 미국과 영국, 프랑스, 이탈리아, 캐나다를 비롯해 한국, 중국, 일본 등 서방과 아시아 주요국에서는 아직 여성 대통령과 선출직 총리(의원 내각제)가 등장하지 않았다.

1973년 치러진 아르헨티나 대통령 선거에서 후안 페론(Juan Domingo Perón : 1895~1974)과 이사벨 페론(Maria Estela Martinez de Perón : 1931~) 부부가 각각 대통령과 부통령에 당선되는 이변이 발생하였다. 특히 이사벨 페론은 라틴아메리카 역사상 첫 번째 여성 부통령으로 뽑히는 영예를 안았다.

이사벨 페론은 1931년 아르헨티나의 라리오하에서 태어났다. 정식 이름은 마리아 에스텔라 마르티네스 데 페론이다. 이사벨은 젊은 시절 카바레 무용수로 일하였다.

하지만 파나마의 한 클럽에서 정치인 후안 페론을 만나면서부터 그녀의 인생은 달라지지 시작했다. 그리고 35살이라는 나이 차이를 극복하고 후안의 세 번째 부인이 되어 결혼하였다.

이후 그녀는 남편의 정치적 동반자를 자처하였다. 남편의 정치 인생에 헌신적이었던 전 부인이자 아르헨티나 국민들의 영적 지도자라는 타이틀을 얻은 에바 두아르테 페론(Maria Eva Duarte de Perón : 1919~1952)과 마찬가지로 이사벨 역시 수차례 아르헨티나를 방문하며 지지 기반을 다졌다. 그러고는 1973년 대통령 선거에서 남편의 러닝메이트로 뛰어 함께 당선되었다.

이사벨은 1973년 10월 12일 대통령 후안에 의해 부통령으로 임명되었다. 고령의 후안은 건강이 좋지 않았다. 결국 1974년 여름, 기관지염과 독감을 앓던 후안 페론은 회복 불능 상태가 되었다. 정상적인 국정 수행을 할 수 없다는 진단을 받은 후안의 뒤를 이어 이사벨에게 대통령직 승계 절차가 진행되었다.

1974년 6월 29일 대통령의 궐위를 이유로 대통령직을 승계한 43세의 이사벨 페론이 대통령에 취임하였다. 라틴아메리카에서 가장 젊은 국가수반이자 세계 최초의 여성 대통령이었다. 그리고 남편 후안은 이 사벨에게 여성 대통령의 영예를 물려주고 이틀 뒤 사망했다.

이후 이사벨은 의욕적으로 아르헨티나를 개혁하려고 하였으나, 인플레이션으로 인한 경제 파탄과 잇단 폭동으로 취임 2년 만에 아르헨티나를 무정부 상태로 만들었다. 결국 1976년 군부 쿠데타가 일어나 실각되어 5년간 가택연금을 당하였다.

1981년에는 재임 중의 공금 횡령 혐의로 8년의 실형을 받았다가 가석방된 후 스페인으로 망명하였다. 1983년 사면 조치를 받아 공민권이 회복되었지만 아르헨티나로 돌아오지는 않았다. 1984년 민정이 실현되자 정의당의 당수를 사임하고, 1986년 정계를 은퇴하였다.

2007년 아르헨티나 법원은 이사벨의 대통령 임기 중 일어난 반체제 인사의 의문사 사건과 관련이 있다는 이유로 그녀에 대한 체포영장을 발부하였다. 하지만 2008년 4월 스페인 사법부는 그의 아르헨티나 송환을 거부하는 결정을 하였다.

그 후 이사벨은 몇 차례 아르헨티나로 돌아가 정계 복귀 시도를 했으나 뜻을 이루지 못했다. 2012년 현재도 여전히 스페인에 머물고 있다.

* 1946년 6월 4일 '후안 페론, 아르헨티나 대통령에 취임하다' 참조

1956년 6월 29일

마릴린 먼로, 극작가 아서 밀러와 결혼

1956년 6월 29일 영화배우 마릴린 먼로(Marilyn Monroe : 1926~ 1962)

가 「세일즈맨의 죽음」 극작가로 알려진 아서 밀러(Arthur Asher Miller : 1915~2005)와 미국 뉴욕에서 결혼식을 올렸다.

이미 두 번의 결혼에 실패한 먼로는 밀러에게서 풍기는 지성의 경이로움에 감탄하였다. 특히 아버지의 얼굴조차 기억 못 하는 먼로에게 아버지의 정을 느꼈다고 술회했다.

미국 신문은 이 결혼을 "미국의 위대한 두뇌와 미국의 위대한 육체의 결혼"이라고 표현하였다.

그러나 먼로는 심약하고 상처받기 쉬운 성격이었다. 매스컴의 집요한 추적, 결혼한 아서 밀러에 대한 열등감, 우수한 연기자가 되려는 강박 관념 등으로 인해 심리적으로 매우 불안한 상태를 유지하였다.

결국 마릴린 먼로는 아서와의 결혼 생활 중에 1962년 8월 5일 자살로 생을 마감하였다.

—

1981년 6월 29일

덩샤오핑, 중국 중앙군사위원회 주석에 선출

—

1976년 4월 7일 덩샤오핑(鄧小平 : 1904~1997)은 문화대혁명 4인방에 의해 세 번째로 실각하였다. 하지만 1977년 7월 19일 다시 국방위원회 부주석 예젠잉(葉劍英 : 1897~1986)의 도움으로 세 번째 부활에 성공하였다.

그리고 1981년 6월 29일 전국인민대표대회 제11기 6중 총회에서 마오쩌둥(毛澤東 : 1893~ 1976)의 후계자 화궈펑(華國鋒 : 1921~2008)을 실각시키고, 군사위원회 주석에 취임하였다.

덩샤오핑은 이날 총회에서 문화대혁명을 전면 부정하는 「건국 이래 당의 약간의 역사 문제에 관한 결의 7항」을 통해 마오쩌둥의 무오류성을 부정하면서 마오쩌둥과의 결별을 선언하였다. 그러면서도 그는 '포스트 마오의 최고지도자'를 자처하며 중국의 개방과 실용 노선을 주도하였다.

이후 덩샤오핑은 1997년 사망할 때까지 중국 최고지도자로 군림하였다.

—

1613년 6월 29일

영국 런던의 글로브 극장 화재로 소실

—

1598년경 영국 런던에 글로브 극장Globe Theatre이 지어졌다. 가운데 무대가 있고 무대 주위로 3층 높이의 좌석에는 최대 3,000명의 관객을 수용할 수 있던 원형극장이었다.

주로 윌리엄 셰익스피어(William Shakespeare : 1564~1616) 작품이 초연되었으며, 당시 런던에서 주요한 극장으로 꼽히는 4곳 중의 하나로 평가 받았다.

하지만 1613년 6월 29일 「헨리 8세Henry Ⅷ」를 상연하던 중 대포를 쏘는 장면이 있었는데, 그 불꽃이 짚으로 만든 지붕으로 옮겨 붙어 화재가 발생하였다. 이로 인해 건물이 무너져 소실되었으나 곧바로 이듬해 재건되었다. 하지만 청교도 혁명으로 1642년에 폐쇄되었고, 1644년 공동주택을 건설하기 위해 완전히 사라지게 되었다.

그러다가 1993년 원래 극장이 있던 자리에서 200미터 정도 떨어진 템스 강 둑에 옛날 모습 그대로 재현하는 공사에 들어갔다. 이것은 셰익스피어를 좋아했던 미국 배우 샘 워너메이커(Sam Wanamaker : 1919~1993)가 셰익스피어 극장이 흔적도 없이 사라지고, 기념비도 없는 것을 아쉬워하여 재건축에 들어가게 된 것이었다.

이후 글로브 극장은 4년간의 공사를 거쳐 1997년 현재의 모습으로 복원되었다.

6월의
모든 역사

6월 30일

■
·
■

1860년 6월 30일

윌버포스와 헉슬리, 옥스퍼드 논쟁을 벌이다

아마 모든 종에서 생존할 수 있는 깃보다 훨씬 많은 개체가 태어나
고, 따라서 빈번하게 생존경쟁이 일어나기 때문에, 어떤 점에서 조
금이라도 유리하게 변이하는 생물은 복잡하고 때로는 변화하는 생
활조건 속에서 생존 기회가 더 많을 것이다. 그리하여 '자연적으로
선택'된다. 유전의 확고한 법칙에 의해 선택된 변종은 어느 것이나
새롭게 변화한 형태를 번식시키게 된다.

-찰스 로버트 다윈,『종의 기원』

1859년 영국의 생물학자 찰스 로버트 다윈(Charles Robert Darwin :
1809~ 1882)은『종의 기원On the Origin of Species』을 출간하였다.

『종의 기원』은 당시 지배적이었던 창조론, 즉 지구상의 모든 생물체
는 신의 뜻에 의해 창조되고 지배된다는 신神 중심주의 학설을 뒤집는
생물의 진화론을 내세웠다.

이 때문에 코페르니쿠스의 지동설만큼이나 세상을 놀라게 하였다.
그리고 다윈은『종의 기원』을 통해 '인간과 원숭이는 공통 조상을 갖는
다'는 주장을 함으로써 창조론과 진화론 논쟁의 계기를 만들어 주었다.

이후 신문지상을 통해 찬반 논쟁을 벌이던 양측은 1860년 6월 30일
영국 옥스퍼드 대학교 자연사박물관에서 개최된 영국과학진흥협회의
정례 토론회를 통해 공개 토론을 열게 되었다.

먼저 창조론의 대변자인 옥스퍼드 교구 주교 새뮤얼 윌버포스(Samuel
Wilberforce : 1805~1873)가 포문을 열었다. 그는 교리 토론에 능했다는
뜻에서 '미꾸라지 샘Soapy Sam'이라는 별명을 갖고 있었다. 윌버포스는 감
성을 호소하는 듯한 발언을 시작으로 청중들의 마음을 사로잡았다. 이
에 자신감을 얻은 그는 진화론자들에게 이렇게 말하였다.

"당신들 조상 중에 원숭이가 있다는 거지요? 그렇다면 그 원숭이가 할아
버지 쪽입니까, 할머니 쪽입니까?"

곳곳에서 웃음이 터져 나왔다. 이에 대해 '다윈의 불독'이라는 별명
을 지닌 다윈의 충직한 후배 동료이자 동물학자 토머스 헨리 헉슬리
(Thomas Henry Huxley : 1825~1895)는 이렇게 맞받아쳤다.

"내 조상이 원숭이라는 사실은 부끄럽지 않습니다. 다만 중요한 과학 토론
을 단지 웃음거리로 만드는 데 자신의 뛰어난 재능을 쓰려는 인간보다는
차라리 원숭이를 할아버지로 삼겠습니다."

토론장 곳곳에서 박수와 함성이 터지고 창조론을 믿는 한 여성은 놀
란 나머지 졸도해 버렸다.

치열한 논쟁이 오간 토론회가 끝난 뒤 양측은 서로 승리했다고 주장
했지만 사실상 다윈 지지자들의 승리였다. 이후 진화론의 주장이 급속
이 퍼졌기 때문이다.

현재 창조론은 창조과학 · 지적설계론으로, 진화론은 '진화론 자체가
일부 철학적'이라는 점을 인정하며 서로 발전하고 있다.

—

1905년 6월 30일

아인슈타인, 특수상대성이론에 대한 논문을 출판하다

—

1905년 6월 30일 스위스 베른에서 26세의 특허청 심사관이었던 알
베르트 아인슈타인(Albert Einstein : 1879~1955)이 물리학 분야에서 20세
기 최대의 업적으로 된 논문을 완성하였다. 이른바 '특수상대성이론'에
관한 논문이었다.

유태인이라는 이유로 취업을 할 수 없었던 아인슈타인은 친구의 소
개로 특허청에서 근무하면서 「운동 물체의 전기역학에 대해서」라는 제
목의 특수상대성이론에 관한 논문을 완성하였다.

이 논문이 『물리학연보』 9월호에 발표되자 일부 전문가들은 격찬했지만 대부분은 거의 이해할 수 없어 불평을 샀다.

1915년 이 이론은 일반상대성이론으로 발전했고, 그 실용성은 40년 후에 원자에너지로 현실화되었다.

* 1879년 3월 14일 '독일 물리학자 알베르트 아인슈타인 태어나다' 참조

1859년 6월 30일

프랑스의 브론딘, 외줄을 타고 미국 나이아가라 폭포를 건너다

"여러분, 내가 어깨 위에 사람을 태우고 건너갈 수 있으리라고 믿습니까?"

관중들이 대답했다.

"예, 물론이죠."

"그럼 누가 저와 함께 폭포를 건너시겠습니까?"

잠시 침묵이 흘렀다. 이미 혼자 외줄을 타고 폭포를 건넌 뒤였지만 아무도 사람들이 그와 눈을 마주치지 않으려고 했다.

"자네가 타겠나?"

친구이자 매니저인 콜코드에게 말했다.

"내가?!"

브론딘은 10m 가량 되는 긴 장대를 손에 들고 균형을 잡으면서 높이 50m, 폭 300m의 나이아가라 폭포를 무사히 건넜다. 1859년 6월 30일

의 일이었다.

　브론딘은 다음 해 9월에도 폭포를 건넜는데 이때는 특별한 주문이
추가되었다. 밤에 건너겠다는 것이었다. 이때는 미국을 방문하고 있던
영국의 황태자도 있었다. 마침내 줄이 드리워지고 브론딘이 폭포를 건
너기 시작하였다.

　반쯤 왔을까. 브론딘이 미끌하면서 밑으로 떨어졌다. 사람들은 비명
을 지르고 황태자는 벌떡 일어났다. 그런데 떨어져 폭포 속으로 가라앉
을 줄 알았던 브론딘이 줄을 타고 한 바퀴 빙 돌면서 다시 줄 위에 섰
다. 발목에 아무도 모르게 고리를 걸어놓았던 것이다. 어두움이 고리를
감추어 버렸던 것이다.

　큰 박수와 함께 브론딘은 무사히 폭포를 건넜다.

ー

1992년 6월 30일

피델 라모스, 필리핀 대통령에 취임

ー

　1992년 6월 30일 피델 라모스(Fidel Valdez Ramos : 1928~) 전 국방장
관이 제12대 필리핀 대통령에 취임하였다.

　피델 라모스는 1928년 3월 18일 마닐라 북쪽 링가옌에서 태어났다.
그는 1950년 미국 육군사관학교를 졸업하였고, 미국 일리노이 대학교
에서 건축공학을 전공하였다. 귀국 후에는 공산 게릴라 토벌 작전에 참
여했으며 우리나라의 6 · 25 전쟁 때에도 참전하였다.

　1981년 라모스는 군부에서 퇴임하였으나, 마르코스 대통령이 그의
임기를 연장, 군의 다른 주요 장성직을 두루 거쳤다. 그러나 그는 1986

년 대선 때 당시 국방장관이었던 후안 폰세 엔릴레에 합세해 군부 반란을 주도, 마르코스 정권이 종지부를 찍는 데 일조하였다.

이어 후임 대통령에 오른 아키노 정권하에서는 7차례나 군부 쿠데타를 진압하는 데 혁혁한 공을 세웠고, 아키노 대통령의 6년 재임 기간 중 합참의장과 국방장관직을 차례로 맡았다.

그리고 1992년 5월 11일에 실시된 대통령 선거에서 승리함으로써 차기 대통령으로 당선되었다.

1960년 6월 30일

콩고민주공화국, 벨기에에서 독립

1960년 6월 30일 콩고민주공화국이 벨기에에서 독립하였다. 벨기에는 같은 해 초 콩고에서 철수하고 독립을 승인하겠다고 약속한 바 있다.

콩고민주공화국은 아프리카 중부 내륙에 위치한 나라로, 콩고 분지 대부분을 차지하고 있다. 인접한 콩고공화국과는 다른 나라다.

1885년 벨기에 국왕의 사유영지 형식인 콩고자유국Congo Free State을 거쳐 1908년 벨기에 정부의 식민지인 벨기에령 콩고가 되었다. 그리고 1960년 6월 최초의 총선거를 통해 독립하였다.

독립 당시에는 콩고공화국이라고 하였으나 1964년에 콩고민주공화국으로 변경되었다. 1971년에 국명을 자이르공화국으로 바꿨다가 1997년 5월에 콩고민주공화국으로 다시 고쳤다.

1948년 6월 30일

미국의 벨 연구소, 트랜지스터 발표

소리 신호를 주고받거나 음량을 키우는 데 쓰이는 진공관은 원통형 유리 속을 진공상태로 만들어 놓고 그 안에 필라멘트를 넣은 것이다. 하지만 깨지기 쉬워 수명이 짧고, 부피가 큰 데다 작동하려면 5분 이상 예열이 필요하였다.

이런 진공관을 대체할 트랜지스터가 1948년 6월 30일 세상에 처음 모습을 드러냈다.

미국의 벨 연구소는 이날 윌리엄 쇼클리, 존 바딘, 월터 브래튼 등 연구원 3명이 게르마늄 불순물과 반도체를 이용해 트랜지스터를 개발하였다고 발표하였다.

비록 손톱 크기의 조그만 원통에 다리 세 개가 달린 보잘 것 없는 물건이었지만, 진공관을 220분의 1 크기로 줄인 획기적인 신제품이었다. 게다가 가볍고, 열을 가하지 않아도 되며, 에너지 소비도 적고 수명도 몇 배나 길었다.

트랜지스터의 개발 이후 거대 전자제품은 소형화, 정밀화, 다기능화 행진을 거듭하였다. 1955년에 일본 소니의 전신인 도쿄통신공업이 세계 최초의 트랜지스터 라디오 'TR-55'를 시장에 내놓은 이후 이 흐름은 더욱 빨라졌다.

모든 공업 제품에 필수품인 된 반도체 집적 회로도 수억 개의 트랜지스터가 하나의 칩 위에 담겨져 있다.

6월의 모든 역사 _ 세계사

초판 1쇄 인쇄 2012년 6월 1일
초판 1쇄 발행 2012년 6월 5일

지은이 이종하

펴낸이 김연홍
펴낸곳 디오네

출판등록 2004년 3월 18일 제313-2004-00071호
주소 121-865 서울시 마포구 연남동 224-57
전화 02-334-7147 **팩스** 02-334-2068
주문처 아라크네 02-334-3887

ISBN 978-89-92449-92-2 03900